闽台妇女史研究

闽台妇女史研究

汪毅夫⊙著

海风出版社
HAIFENG PUBLISHING HOUSE

闽、台两地 共同性

●闽台冥婚旧俗之研究

【关键词】闽台 冥婚 中国妇女史研究

●闽台妇女史札记

性别压迫……「典卖其妻」及其他

【关键词】闽、台两地 性别压迫 中国妇女史研究

●清至民国时期福建的婢女救济及其绩效

【关键词】婢女救济；清至民国时期

闽台妇女史研究

闽台妇女史研究

● 清代福建救济女婴的育婴堂及其同类设施

【关键词】清代福建 救济女婴 育婴堂

● 赤脚婢、奶丫头及其他

【关键词】铜婢 晚清诗文 闽台两地 社会问题

● 清代福建的溺女之风与童养婚俗

【关键词】清代福建 溺女 育婴 童养 女权

● 从闽南方言俗语看闽、台婚姻旧俗

【关键词】《闽南话漳腔辞典》 方言俗语 婚姻旧俗

序

我与汪毅夫先生相识已逾二十年。其时汪先生服务于福建省社会科学院文学研究所，我在厦门大学历史系任教。因为我们都对闽台区域历史文化怀有学术兴趣，读书研究每有所得，时有著作相赠，或有良机相聚，话题虽不离书籍文字，兴致高涨之时，亦难于脱俗，枕藉杯盏，茶酒交欢。1998年，由于工作上的需要，汪先生上调省府，负有重要的亲民之责。从此汪先生机务繁重，东奔西忙，我等窃思如此冠盖如云之所，断非腐儒学呆们所宜滋烦，故自我退缩，雅不欲以冬烘野曝之事，困扰先生。然而始料未及的是，汪先生对于我辈似乎情有独钟，每于政务倥偬之隙，不时降临敝所寒舍，再叙未竟书缘及拳拳故人之情。我在感佩之余，不免讶异；询之省中同侪，竟无例外。更有甚者，我等在读书研究时遇有难处，同侪中或有困顿人士，汪先生无不尽心尽力，在条件允许的情况下，施以援手，玉成多事。太史公有言：「仁心慕义无穷，见微而知清浊。呜呼，又何其囫览博物君子」因此我之眼中的汪毅夫先生，纯粹读书入也。汪毅夫先生的新著出版，固为可喜可贺，而怀德高风，更为我等谬引以为友辈者们所自豪仰慕。

序写至此，自然是有此离题了。但是这些离题的话语，在省内吾辈同侪中环绕郁结已久。今幸得此机会，得以舒展，我也顾不得许多，强之附于序中。唐突之处，还望君子有以谅之。

陈支平

二〇二二年八月于厦门大学国学研究院

闽台妇女史研究　序

汪毅夫先生以新著书稿《闽台妇女史研究》见示，并嘱我为序。孟浪为序，本不敢当。然而汪毅夫先生是研究闽台地区历史文化史的著名学者，著述甚多，举凡《台湾近代文学丛稿》、《台湾社会与文化》、《中国文化与闽台社会》、《闽台历史社会与民俗文化》、《台湾近代诗人在福建》、《闽台区域社会研究》、《闽台缘与闽南风》、《闽台地方史研究》等等，立论真知灼见，文字典雅清新，拜读之后，令我如沐春风。如今，先生又有新著即将出版印行。我在欣喜之余，敢不慨然如命！

妇女史研究，是近二十年来国际性的学术热点，但是中国大陆学界对于这一领域的研究，似乎比较沉静。尤其是闽台区域的妇女史研究，涉足者更少。汪毅夫先生勇于开风气之先，多方搜集资料，先后撰写了《赤脚婢、奶丫头及其他——从晚清诗文看闽、台两地的锢婢之风》、《清代福建的溺女之风与童养婚俗》、《性别压迫：「典卖其妻」及其他》、《闽台冥婚旧俗之研究》、《清至民国时期福建的婢女救济及其绩效》，以及《闽台妇女史札记》等系列论文。如此持之以恒，就有了《闽台妇女史研究》的大著。

从这些论文所论可以看出，汪毅夫先生的这部著作，基本上是围绕着旧社会的奴婢、童养媳等下层女性而展开的。从学术创新的层面上讲，关注于闽台区域备受欺凌的下层女性社会生活史，不用说中国大陆及台湾的历史学界，即使是颇成热点的国际妇女史研究学界，也是比较罕见的。从社会关怀的层面上讲，作者在字里行间不时地体现出对于下层女性的同情、悲愤与敬重。

我相信，这部著作的问世，不论是在学术价值或是社会功能上，都将有其独特的重要意义。

目 录

闽台妇女史研究

目 录

第壹章

关键词	提要	标题
清代福建　救济女婴　育婴堂	本文罗列清代福建救济女婴的育婴堂及其同类设施之相关史料，并论述其相关问题：上承的历史传统、因应的社会问题、早期的推展状况、官方的主导作用以及祀神、侨捐、贺钱、抄产等特殊事项。	清代福建救济女婴的育婴堂及其同类设施

第壹章

一

清代康熙三十八年（1699），福建松溪县建置"生生所"事竣，松溪知县潘拱辰为之记，其文曰：

> 邑旧有举子仓六处，盖因俗尚寡恩，凡贫民生子不能畜者，多溺不举，而女尤甚。以故古之乡先生，捐金置买公田，积谷以济之。自有明丧乱，人心颓败，公田俱废，诸仓一无存者。开辟以来，继以海氛未靖，逆藩蹂躏，八闽军兴，杼轴殆无虚日，比年，又水旱不期，赋有常而产无恒。前之吏兹土者，苟欲自饱其囊橐，罔顾瘝之典鬻，悉索既尽，追呼犹不止，邑之人谋身之不暇，又乌能计及于他人弃女哉？由是邑民之无室者十人而五，甚至人伦道丧，风俗不可问矣。己卯之冬，杨生汝霖以教授资斧，慷慨建置一椽于城西，而命之曰"生生所"。收养弃女，展转告诫，务期存活。且能终岁劬劳，初无懈意，更为他人所难。余深嘉其好善为怀，而忧虑夫难为继也，惟望邑之人，亦以杨生之心为心，交相赞助，将见行之不二十年，必比户有室，而风俗于是乎上矣。杨生与邑之人其共勉矣。[1]

康熙《漳浦续志》记：

---

[1] 引自康熙《松溪县志》，第268页，福建松溪县地方志编纂委员会1986年7月整理本。

浦俗旧多"无为教"，不饮酒、不茹荤、亦不削发，大约如白莲社白云宗之类。每教头一人，聚徒多者或百余人，少者亦不下数十。另建屋供佛其中，号曰经堂，人称曰师父。无论男女，皆得入教，男称菜公，女称菜妈（犹言斋公、斋妈。浦方言以斋为菜）。以朔望为期，曰菜期，集众烧香拜佛，夜聚晓散，佯修善事，人竞惑焉。四十一年，有教头女某氏者犯奸，事觉，知县陈汝咸按其罪，因籍在县诸经堂入官，尽驱诸从教者，士论韪之。改西门兜经堂为育婴堂，县巷经堂为公馆。其在新路者，官卖本学生蓝鼎元，价银五十两；在西门者，官卖乡绅黄尚宽，价银三十两，俱存库。[1]

陈汝咸改经堂为育婴堂的事实曾发生久远的影响，此事发生后180年，台湾彰化知县朱干隆在光绪八年（1882）刊行的《兼善集》之序文里写道：

昔虞士恭镇晋安立学堂以教授，朱子知漳州建义仓以备不虞，蔡廷予守泉州增置义渡以便涂人，陈莘学令漳浦毁天主、无为诸异教为育婴堂。之四者皆闽中之善政也，予心向往之久矣。[2]

另据康熙《漳浦县志》，陈汝咸在漳浦知县任上

---

[1] 引自《漳浦县志》（康熙志-光绪再续志点校本），第719页，福建省漳浦县政协文史资料征集研究委员会2004年12月编印本。

[2] 引自朱干隆：《兼善集》，光绪八年"三山吴玉田镌字"本。

制定的《十家牌法》中有"禁溺女、典妻及久停亲柩"[1]的规定。

光绪《漳州府志》记：

> （长泰县）育婴堂，在县署大门外左，国朝康熙四十二年知县易永元即旌善亭遗址改建。[2]

乾隆《福州府志》记：

> 李斯义，字质君，长山人。康熙戊辰进士。四十四年，巡抚福建。洁己爱民，兴文造士，所行善政，悉本至诚。念闽地人文日盛，每科应试，多至万人，与布政使高缉睿集议，拓贡院旁隙地，复购民居，增号舍千余楹，葺共学书院，拔髦士，延硕师，考业论文。更檄行州县，各立义学，教贫士之无师者。复严溺女之禁，创育婴堂，收养遗孩，檄行八郡，全活甚众。后以酷暑步祷，积劳成病，卒于官。士民肖其像于共学书院祀之。[3]

乾隆《汀洲府志》记：

> （清流县）育婴堂，在县西，康熙

[1] 引自《漳浦县志》（康熙志-光绪再续志点校本），第34页，福建省漳浦县政协文史资料征集研究委员会2004年12月编印本。

[2] 引自《宓庵手抄〈漳州府志〉》，第110－111页，漳州市图书馆2005年8月影印本。

[3] 引自乾隆《福州府志》，第90-91页，福州，海风出版社2001年7月版。

四十五年，知县王国祚建。[1]

乾隆《龙岩州志》记：

（龙岩州）育婴堂，雍正二年知县张宣奉文建屋三间，在州治西北隅，地处荒僻。旋即坍坏。乾隆元年，知州张廷球择射圃余地重建，前后二进各五间，缭以围墙、门楼，惜常费无出，未克收养，惟冀好善者共襄之。[2]

又记：

（漳平县）育婴堂，在县东门内，雍正三年奉文建造。[3]

乾隆《福清县志》记：

育婴堂，在西门内旧察院衙地，雍正二年奉上谕建。[4]

乾隆《古田县志》记：

育婴堂，雍正二年，钦奉上谕建立，在坊三保双坝河。[5]

乾隆《德化县志》记：

[1] 引自乾隆《汀州府志》，第227页，北京，方志出版社2004年3月版。
[2] 引自乾隆《龙岩州志》，第88页，福州，福建地图出版社1987年1月版。
[3] 引自乾隆《龙岩州志》，第89页，福州，福建地图出版社1987年1月版。
[4] 引自乾隆《福清县志》，第106页，福建福清县志编纂委员会1987年12月整理本。
[5] 引自乾隆《古田县志》，第154页，福建古田县志编纂委员会1987年12月整理本。

清代福建救济女婴的育婴堂及其同类设施

育婴堂，在下市东南水门内，一厅二房。雍正二年奉旨建。[1]

道光《晋江县志》记：

育婴堂，在城内溪亭铺，房屋一座，周围八间。雍正二年，知县叶祖烈奉□□文建。[2]

光绪《漳州府志》记：

育婴堂，在城北隅，国朝雍正二年奉文设立，初在准提阁，旋迁开元寺。乾隆十九年巡道杨景素建今所。其屋宇二十四间，海澄公黄仕简捐置。[3]

民国《上杭县志》记：

育婴堂，在登瀛门上畔，前封公祠旧址。清雍正二年，特谕各省转饬各县建置，收养孩稚之未成立者。然赵志云，堂宇虽设，经费无资而收养犹有待，先志其略。是当时已徒为具文矣。[4]

民国《武平县志》记：

育婴堂，府志云在东门坊。据上杭赵

[1] 引自乾隆《德化县志》，第161页，福建德化县志编纂委员会1987年整理本。

[2] 引自道光《晋江县志》，第308页，福州，福建人民出版社1990年7月版。

[3] 引自《宓庵手抄〈漳州府志〉》，第110—111页，漳州市图书馆2005年8月影印本。

[4] 引自民国《上杭县志》，第509页，福建上杭县地方志编纂委员会2004年重印本。

志，此亦雍正二年奉文设立，收养孩稚之未成立者。杭志成于府志后一年，然云堂宇虽设，经费无着，收养犹有待。上杭如是，本县将毋同？旧址今无考，疑亦虚应具文而已。[1]

乾隆《福州府志》记：

（闽县）育婴堂，雍正二年，奉文闽、侯二县公设在城北遵截铺地方，巡抚黄国材捐置田五百四十余亩，又拨盐耗银两，充为堂中乳哺衣药之需。布政使赵国麟复拨公费银五百两以备不足。族人黄鹭来有记。[2]

道光《漳平县志》记：

育婴堂在县东门内，雍正三年奉文建造。[3]

民国《厦门市志》记：

（育婴）堂原在紫阳祠侧，厦防同知李暲，雍正八年就学舍改造，名注生祠，祠内雇乳妇数人，月给衣食，岁久而废。[4]

民国《闽清县志》记：

[1] 引自民国《武平县志》，第393页，福建武平县地方志编纂委员会1986年12月整理本。
[2] 引自乾隆《福州府志》，第331页，福州，海风出版社2001年7月版。
[3] 引自道光《漳平县志》，第103页，福建漳平市地方志编纂委员会2002年5月整理本。
[4] 引自民国《厦门市志》，第464页，北京，方志出版社1999年5月版。

育婴堂在县北门外毓麟宫旁，清邑令张兆凤建。今圮。按育婴为地方善政，旧例贫民生女者无力养赡，送堂乳哺，亦有向堂月助款者，溺女之风因之渐革。闽清旧有育婴田租，系邑绅经理。现此款不知提作何用，致贫民生女莫沾实惠，愿司事者亟谋规复旧制，则造福无量矣。[1]

张兆凤于雍正年间任闽清知县。

乾隆《汀州府志》记：

育婴堂在府东北隅。乾隆九年，知府俞敦仁建，以盐规银二千五百两为育婴费。十四年，知府曾日瑛于常例外加给乳妇衣服、婴儿绵袄，为婴女择配，复于堂后栽木筑墙，以为荫护。堂中董事李永珩、萧萱、俞上闻，捐火食羡余银，置店屋三植，为每年祝圣公资。[2]

民国《南平市志》记：

清乾隆十年，巡道明福饬建育婴堂，即县治前龙鼎坊观音堂，乾隆十三年，知县苏渭生建。知县李逢源、赵爱重修，五十年圮，仅存基址。[3]

[1] 引自民国《闽清县志》，第280页，福建闽清县地方志编纂委员会1988年12月重印本。

[2] 引自乾隆《汀州府志》，第226页，北京，方志出版社2004年3月版。

[3] 引自民国《南平市志》，第589页，福建南平市地方志编纂委员会1985年5月整理本。

民国《厦门市志》记：

> 署巡道官兆麟，乾隆廿四年，买镇南关旧军装局建注生祠，旁为乳妇住宅。经营初定，即升任去。巡道蔡琛，乾隆廿九年复鸠赀，多雇乳妇，每月给银一两。收养贫民幼孩，日遣人挑箱巡视，遇弃孩，辄收养之。又兼行其他善举，改名普济堂，以监生林椿董其事。[1]

乾隆《福鼎县志》记：

> 育婴堂，在南郊外。乾隆三十二年置，知县潘鸣谦倡建，贡生施大恩、参将施如宪捐建。[2]

乾隆《泰宁县志》记：

> 育婴堂，在宋时已有之。官立乳母，育细民举子之不能育者。绍兴五年，楚州人王洋知邵武军事，以建、剑、邵、汀四州，细民生子多不举，奏立举子仓，逐乡积谷。贫民育五月以上书之籍，至免乳日，授以米一石三斗。当时泰（宁）必有仓，今已莫考。我朝好生德治，奉文设立育婴堂于北医灵祠之前，而生者有所赖矣。[3]

---

[1] 引自民国《厦门市志》，第464页，北京方志出版社1999年5月版。

[2] 引自乾隆《福鼎县志》，第56页，福建福鼎县地方志编纂委员会1988年5月整理本。

[3] 引自乾隆《泰宁县志》，第67页，福建泰宁县地方志编纂委员会1986年12月整理本。

又，乾隆《福宁府志》[1]记霞浦县、福鼎县、福安县、宁德县之育婴堂，乾隆《福州府志》记古田县、屏南县、闽清县、长乐县、连江县、罗源县、永福县、福清县之育婴堂，乾隆《汀州府志》记宁化县、上杭县、武平县、永定县之育婴堂，虽未标明年代，当可视为乾隆年间已有之设施也。

道光《厦门志》记：

> 育婴堂在厦门港火仔垵，坐西向东，大小房屋二十间。乾隆三十一年，巡道蔡琛就注生祠改为普济堂，官雇乳妇收哺女孩。经费由兴、泉、永各属捐银五千圆，除用及续捐，共存典生息三千六百四十八两，年得息银七百两零。遴本地公正绅士董其事。嘉庆九年，同知徐汝澜捐修屋宇。后归其责于厅胥林芬，乃虚报物故，鬻作娼婢，百弊丛生。经厦防同知薛凝度斥革，复捐集公费，择绅士八人，每月以二人分董其事，收孩、领孩。设堂总一人专司簿册，设门役一人专司出入。复名"育婴堂"。嘉庆二十四年，署同知咸成捐银四百五十两零。道光六年，署同知张仪盛捐修屋宇。道光八年，署同知黄宅中捐银一百五十九两六钱。现存典银二千八百七十四两四钱，每年二分年息；又存库银九百三十三两二钱四分，发典具领生

[1] 福建省宁德地区地方志编纂委员会1990年12月整理本。

息。现共存银三千八百零八两六钱。[1]

光绪《福安县志》记：

保婴堂原名育婴堂，在城内凤尾山，道
光六年，知县刘之蔼建。今改北辰冠后。同
治十一年，知县郝劢将辖下富阳充公田租
一百七十担，详请大宪，准为育婴经费。[2]

道光《永安县续志》记：

育婴堂，在县前，旧为正音书院，道光
十年，知县柯培元捐俸倡修，邑绅士陈树
兰、王家麟、张通荣、赖锡麟、李邦伦等创
建，递年贴工房地基租钱一千一百文。[3]

光绪《福建邵武府光泽乡士志》记：

张广诞，道光二十一年知县事，设粮
局，浚泮池，倡修忠义、节孝诸祠，立育婴
堂，构义冢。[4]

民国《上杭县志》记：

新育婴堂在县治第七铺小街，坐北。道
光二十三年，知县陆友仁倡令捐建，在城绅
士谢天香、陈叙典、郭贵、周懋德、丘映
奎、丘映衢、谢天桢、范知铣各捐洋贰百
圆，莫树椿、郭景云、郭仰燕卅余人合捐洋

[1] 引自道光《厦门志》，第58页，厦门，鹭江出版社1996年2月
版。
[2] 引自光绪《福安县志》，第77页，福建福安市地方志编纂委员会
1986年10月整理本。
[3] 引自道光《永安县续志》，卷二。
[4] 引自光绪《福建邵武府光泽乡士志》，《政绩录》三。

银壹仟圆有奇。并拨出上下河船户陋规充收养经费。二十七年，学使彭蕴章捐廉百金并序其事。堂内外三进，中厅奉在事禄位及捐资名位，另置堂业为祀费。查本堂业产岁可收租谷三百石，后因公派用将田变卖，现止收租谷八十石而已。其船捐早拨入中学。中学校改办后，并入地方经费，而育婴之举久废。[1]

道光《金门志》记：

金门育婴堂，在后浦县丞署西。道光二十八年八月，金门县丞李湘洲、金门镇右营游击钟宝三与绅士林焜熿、蔡师弼、蔡涟清等倡建，至同治元年落成。前后两进，堂中祀子孙娘娘（附祀李公禄位）。所有章程，皆效泉州规条而损益之。官绅各捐项置业，以充经费。后以婴多费少，几乎不继。幸有布政衔叶文澜肩其事，筹项接济。又将女婴陆续拨入厦门育婴堂乳养以分其力，皆绅士蔡师弼经办。[2]

唐赞衮《台阳见闻录》记：

查台郡育婴堂之设，始自咸丰四年。职员石时荣偕郡绅倡捐银业。初建归于民办。

同治八年，黎道台提归官办。委派官

[1] 引自民国《上杭县志》，第509页，福建上杭县地方志编纂委员会2004年重印本。
[2] 引自道光《金门志》，第70页，《台湾文献丛刊》第80种。

绅设法整顿，并仿照他省一文愿捐收，未及几年，停止。经费短绌。同治十二年正月，夏道台筹定洋药抽捐弥补。至光绪七年十一月，洋药抽捐停止，经费更属不敷。屡据该堂绅董禀请：堂中原有田租共一十二款，每年连充黄敬租息，年计收银一千元左右，而开销年约银二千六百余元，尚不敷银一千四五百元之谱。光绪八年十一月十三日，刘道台就于洋药厘余及海埔租息项下，提出六八洋银六千元，发商生息，又于十一年十二月，就提回台南司码平余银二千六百三十七两七钱六分，发商生息，所短无几。十四年间清丈，堂中所管凤属粤庄田业，未经定议，将来完粮而外，终恐比前短少。[1]

民国《霞浦县志》于"众母堂"条下记：

溺女之习，宁郡尤甚。婴堂、婴社之设，吾宁无此财力，骤难集事。同治三年，郡守程荣春下车所著政绩，如新学宫，清邻寇，后对于众母堂之设，尤见精心独运。特定《寄乳章程》二十八则，集钜款，建公局，遴公正绅士黄钟泽、张国纶等为总董。至银钱出入，收育婴孩及一切稽查，又分别

---

[1] 引自唐赞衮：《台阳见闻录》，第78页，《台湾文献丛刊》第30种。

遴董以专。责成陆续设法广捐，购置田产、店屋为常年经费。著《众母堂汇编》一册，刊千余本，垂为长久之计。迄今六十余年，闽邑婴孩得获生全之福，皆出自程公之赐，宜乎家尸而户祝也。[1]

民国《南平县志》记：

清同治七年，知府赵均建议，倡设育婴堂，详请巡道周立瀛，饬同知陈培桂、绅董曾世霖、胡云章、王世锋、任潢、林运昌等，筹办经费，定章立案。堂屋二进外，建牌坊一座，前为大门，左右两廊，天井中为正厅，旁为堂董办事房，后厅外墙屋，为乳妇育婴室。再后有小库一间，为贮谷之仓。大门外有小库屋一植，赁人住居。……自赵前守向举董事二人，一驻堂，管理出入婴孩，监察乳妇。一经理，银钱收支，及造女婴衣裙。各支月薪，钱六千四百文。用堂丁二名司看门，兼雇乳妇抱婴出入寄养，及收租谷等事，每名月给工食钱四千文。雇乳妇四人，堂内驻养，每人月给乳资伙食钱五千四百文。[2]

同治《淡水厅志》记：

---

[1] 引自民国《霞浦县志》，下册，第66页，福建霞浦县地方志编纂委员会1986年4月整理本。

[2] 引自民国《南平市志》，第590页，福建南平市地方志编纂委员会1985年5月整理本。

育婴堂,一在堑城南门内龙王祠左畔,购汪姓屋改造。一在艋舺街学海书院后,购黄姓地基新造,俱同治九年官绅倡捐合建。艋舺详定拨三郊洋药抽分每箱四圆之半、堑垣亦拨船户抽分之半,以充经费。又摆接堡育婴局,系业户林本源集捐办理,始于同治五年,厅中无案。[1]

民国《平潭县志》记:

保婴局,清同治八年,同知李煐莅任一载,痛潭民生女多溺死,出示严禁,犯者无赦。一面督同士绅,分向十二区劝募,得二千余缗,设局五福庙后殿。凡贫民生女无力抚养者,向局领钱四千文,以资抚育。委绅董其事。自此溺女之风,为之顿息。无何,管理者未尽得人,款多虚耗。至光绪间,遗存不敷开支,当其事者急于筹补,将款移归兴文书院,局遂关闭。现五福庙后墙石,尚存"保婴局"三字。[2]

光绪《马巷厅志》录《马巷育婴堂碑记》记:

马巷溺女之风甚炽。顾自乾隆甲午移辖至道光戊申,相距七十稔,金门始设堂育婴,而马巷仍无闻。同治癸酉,钱塘洪君麟绶来倅是厅,轸念民依,倡捐廉泉千串,又

---

[1] 引自同治《淡水厅志》,第116页,《台湾文献丛刊》第172种。

[2] 引自民国《平潭县志》,第240页,福建平潭县地方志编纂委员会1990年1月整理本。

拨赃罚壹百贰拾串，募捐殷户陆百串，抽捐当厘、布税二千余串，乃谋诸绅耆，就厅署之东，择地营建。堂坐北朝南，周围广约四十余丈，缭以高垣。前为头门三间，中为室如之，正祀临水夫人，左祀洪君，礼也，右祀福德神，循常例也。临街左右各有门，迤逦旁通，则两花厅在焉。室后天井，果木丛发。又后有平屋九间，可畜乳媪。此外东西相对，复有平屋各二，小厢房各一，朝南房各一，墙留夹道，傲者居之。盖自祀神、宴客、寓人、办公、以讫为庖为湢，罔不工坚料实，轮奂有加。经始于癸酉六月，至次年九月落成。凡土木砖石、灰瓦丹漆之需，靡金钱二千四百缗有奇。又设分堂，一切更靡一千八百缗有奇，略及所捐募之数，其常年支销，则别筹当利。房租、土布各捐，约可得钱八百余缗，则闻风兴起，好善者各有同心也。[1]

同治癸酉为同治十二年（1873）。

民国《武平县志》记：

六甲育婴堂。清咸、同间，洊遭兵焚后，溺女之风甚炽。光绪初，诸生林耀南、温华等倡捐募建养堂于秉正局对门。适当六

[1] 引自何丙仲：《厦门碑志汇编》，第127页，北京，中国广播电视出版社2004年7月版。

甲市廛中央，规模稍小。光绪十三四年，林仰南等改建于公局后方。栋宇弘敞，设备周至，送育者年十余人或二十余人。知县唐志燮奖联有"保兹苍赤，备厥玄黄"云。[1]

光绪《澎湖厅志》记：

育婴堂，在妈宫城内。前系绅士捐资创设，监生林琼树董其事。嗣后归厅办理。所有店业及借户租息，每月收钱二十六千九百余文。又奉文每月于盐课项下，拨出银五十两，以后给育婴诸费，而养济附焉。查光绪十八年十二月，现存女婴三十三名。每名月给口粮八百文。凡新报者，每名贺钱六百文，裙帐二副（钱约近二百文），皆以原母养原女八个月，则截止不复给矣。计开：堂内管账月支钱六千文；堂丁二名，月支工食二千文；书办月支纸张银五百文；又杂费四千八百五十文。又分恤养济院孤贫，现存孤贫一百九十名，每月每人给钱三百文。如有病故者，每名恤钱四百文，均每月造报花名清册，送藩司、总盐局及镇府衙门备查。[2]

朱干隆《兼善集·序》记：

光绪丙子余中飞语去官，而育婴（按，

---

[1] 引自民国《武平县志》，第393页，福建武平县地方志编纂委员会1986年12月整理本。

[2] 引自光绪《澎湖厅志》，第77页，《台湾文献丛刊》第164种。

指筹设育婴堂之事）遂寝。辛巳事白复宰斯
邑。邦人士咸欣然来告，以四君子之善政前
公已行其三，惟育婴待举，今五年公复来，
公乌得无情哉，余即捐廉以为倡，邦人士咸
踊跃田租，倾囊以襄事，于是书院义学、义
仓、义渡、育婴诸善政得以先后兴焉。[1]

光绪丙子、辛巳分别为1876年、1881年。《兼善集》
所收朱干隆为倡设彰化育婴堂的呈文里有“卑邑地方
辽阔、民烟稠密、风俗□浇不一，而于溺女之风尤
甚，从前城内设有育婴堂一所”之语，由此可知，光
绪以前彰化先有育婴堂一所，其年代失记。

二

上节罗列了清代福建救济女婴的育婴堂及其同类
设施的相关史料，本节拟讨论其相关问题。此即梁启
超所谓“罗列事项之同类者，为比较的研究而求得其
公则”[2]也。

（一）上承的历史传统

日本学者夫马进教授在其名著《中国善会善堂史
研究》里指出：“清代人普遍认为育婴堂是宋代慈幼
局的继承者”[3]。在举证方面涉及福建的有民国《连

---

[1] 引自朱干隆：《兼善集》，光绪八年“三山吴玉田镌字”本。

[2] 引自梁启超：《清代学术概论》，第44页，北京，东方出版社
1996年3月版。

[3] ［日］夫马进：《中国善会善堂史研究》，第143页，北京，商务印
书馆2005年6月版。

江县志》卷二十"育婴堂"条下的"雍正二年奉旨建。略仿宋制，郡县各设慈幼局"一语。夫马进教授据此认为"育婴堂是宋代慈幼局的继承者"的看法"一直持续到民国时期"。[1]

实际上，清代闽人还有另外一种普遍的看法：育婴堂是宋代举子仓的继承者。康熙年间潘拱辰《生生所记》、乾隆《泰宁县志》关于育婴堂的记载都表述了此一看法。此一看法也"一直持续到民国时期"。例如，民国《南平县志》于"旧育婴堂"条下记：

> 宋有举子仓，嘉泰间，知州事叶筠建。
> 又有提举司举子仓，嘉定间，知州事刘允济建。[2]

关于宋代举子仓，明嘉靖《邵武府志》记：

> 王洋，字元渤，楚州人。绍兴间知军州事，有吏才。俗生子多不举，洋奏立举子仓，凡贫民当产者，例以钱米给之。[3]

康熙《宁化县志》记：

> 前此，又有举子仓凡四：一在龙上里黄土寨，一在新村里鹫峰院，一在招贤里宝池寺，一在柳扬里三溪寨（今隶归化）。此则宋绍兴五年间事也，时楚州人王洋知邵武军

---

[1] ［日］夫马进：《中国善会善堂史研究》，第126页，北京，商务印书馆2005年6月版。

[2] 引自民国《南平市志》，第589页，福建南平市地方志编纂委员会1985年5月整理本。

[3] 引自嘉靖《邵武府志》，第434-435页，北京，方志出版社2004年8月版。

事，以建、剑、邵、汀四州细民，生子多不能举，奏立举子仓。逐乡置仓积谷，凡贫民受孕者，五月以上书之籍，至免乳日，授以米一石三斗焉。顾不知当时积谷之法，或分支于官租，或措设于良有司耳。但绍兴之初，草创戎马，乃留念穷乡之赤子，君臣存心如此，即偏安数百十年，岂为幸乎！今虽代异事泯，不敢不志其名以告后世也。[1]

据明代福建省志《八闽通志》，宋代福建建宁、汀州、邵武、延平四府设有举子仓107所。[2]

举子仓创办的宋绍兴五年（1135）比慈幼局始设的咸淳元年（1265）要早130年。

（二）因应的社会问题

潘拱辰《生生所记》描述的"凡贫民生子不能畜者，多溺不举，而女尤甚"的社会问题本身包含了亲子关系上"人伦道丧"的问题；由溺弃女婴的社会问题又引发了"邑民之无室者十人而五"即人口性别比严重失调、以及两性关系上"人伦道丧，风俗不可问矣"的更为严重的社会问题。

显然，育婴堂及其同类设施是因应溺弃女婴的社会问题以及由此包含和引发的人口性别比失调、风俗道德败坏的社会问题而产生的，是以"收养弃女"即

---

[1] 引自康熙《宁化县志》，第432页，福州，福建人民出版社1989年12月版。

[2] 参见黄仲昭：《八闽通志》，下册，第423-437页，福州，福建人民出版社1991年6月版。

救济女婴为主要功能的设施。福建地方官、绅建置育婴堂及其同类设施的动作往往同禁诫溺女的动作相配合。松溪县"杨生汝霖以教授资斧，慷慨建置一椽于城西，而命之曰'生生所'"，松溪知县潘拱辰《生生所记》"展转告诫"，"惟望邑之人，亦以杨生之心为心"，即其例也；陈汝咸在漳浦知县任上"禁溺女"并"创育婴堂"，李斯义在福建巡抚任上"严溺女之禁，创育婴堂"，亦其例也。另一方面，福建地方官、绅救济女婴的动作往往针对当地溺弃女婴的社会问题。例如，乾隆年间蔡琛在"分巡兴泉永道"任上，"偶因祈祷雨泽，行历郊野，见道旁有遗弃之婴儿，野外多未埋之骸骼，而赢老孤贫，又复乞怜号泣，心窃恻焉伤之。细求其故，盖厦门内接漳、泉，外达澎、台，四方来往者，实繁有徒。一旦旅邸无依，非零落于陌路，即转死于沟壑，势使然也。而闽人习俗，凡女子遣嫁，夫家必计厚奁，故生女之家，每斤斤于日后之诛求，辄生而溺毙；更或贫乏者，忖不能自存，并生男而溺之。余思天性寡恩，大乖伦理，异乡失路，谁切饥溺？因与厦防黄司马谋兴善济堂，以代其养。"[1]蔡琛"日遣人挑箱巡视，遗弃孩，辄收养之"的动作针对的当然是"道旁有遗弃之婴儿"的状况。乾隆年间，吴宜燮在尤溪知县任上作

---

[1]　参见民国《厦门市志》，第465页，北京，方志出版社1999年5月版；何丙仲：《厦门碑志汇编》第110—111页，北京，中国广播电视出版社2004年7月版。

《戒溺女歌》，诗曰：

　　天地由来德好生，父天母地古今名，是
男是女皆吾子，胡为生死昧其情？世间不少
伤心事，无过溺女最堪惊。

　　气欲闭，口难开，才出胞衣无罪孽，顿
遭毒手赴泉台。亦有怀胎十月苦，回首怎不
肝肠摧？

　　盍念父母亦生我，爱我如同掌上珠；设
使当年遭此溺，于今阿母有谁呼？勤耕力织
堪抚育，忧贫忧累何其愚？

　　或冀生男先弃女，忍心害理鬼神诛。蝼
蚁尚有贪生意，矧此呱呱血肉儿。

　　此儿饮恨吞声去，此冤此孽常相随。吁
嗟乎！燕雀爱其雏，日夕不忍离；猛虎犹抱
子，依依乳哺时；岂觊然人面人心而反不如
禽兽之仁慈？

　　劝吾民，听吾歌而猛省，抚清夜而寻
思。自今以往长相保，毋相遗，共承天地福
无涯。[1]

　　吴宜燮"劝吾民，听吾歌"，针对的亦是当地溺
弃女婴的社会问题。

　　台湾的相关状况可以从另一个侧面说明溺弃女婴
的社会问题同救济女婴的动作之间的关系。

---

[1]　引自民国《尤溪县志》，第590页，福建尤溪县地方志编纂委员
　　会1985年整理本。

乾隆《凤山县志》引《台湾府志》记：

> 直省各州、县并设普济、育婴二堂，台
> 郡以在海外独阙。顾台地土著者少，户口未
> 繁，婴孩从无弃者。惟流移孤独，恒不免转
> 死沟壑。[1]

针对此一情况，乾隆十一年，巡台御史六十七、范咸命建普济堂而未设育婴堂。据我闻见所及，清代台湾地方文献明确记载的育婴堂包括：

1、唐赞衮《台阳见闻录》记载的"始自咸丰四年"的"台郡育婴堂"即台湾府育婴堂，址在台南；

2、同治《淡水厅志》记载的"始于同治五年"的"摆接堡育婴局"，址在摆接堡；

3、同治《淡水厅志》记载的"同治九年官绅倡捐合建"的"育婴堂"，址在"堑堡"即新竹；

4、同治《淡水厅志》记载的"同治九年官绅倡捐合建"的"育婴堂"，址在"艋舺"即台北；

5、朱干隆《兼善集》记载的建于光绪八年的育婴堂，址在彰化；

6、光绪《澎湖厅志》记载的育婴堂，址在"妈宫城内"即澎湖。

以上育婴堂均建于"咸丰四年"（1854）以后。其时，台湾社会正逐步从移民社会向定居社会过渡。

陈孔立《清代台湾移民社会研究》谓："大约在1860年前后，台湾从移民社会过渡到定居社会"，

---

[1] 引自乾隆《凤山县志》，第34页，《台湾文献丛刊》第146种。

人口增长方式从人口移入增长逐步转为人口自然增长。[1]

台湾社会在实现从移民社会到定居社会的转型以后，才普遍发生溺弃女婴的社会问题，由此才有普设育婴堂的状况。

（三）早期的推展情况

夫马进教授谓：

> 福建省自古以来就以"溺女之风"的盛行而闻名。但在本研究所涉及的52处州县之中，在雍正二年发布设立育婴堂的上谕之前，只有清流县设有一处建于康熙四十五年（1706）的育婴堂。这与康熙年间广泛设立育婴堂的江苏省和浙江省形成鲜明对照。为什么福建省很晚才设立普济堂呢？民国《霞浦县志》中有如下的记载。

> 溺女之习，宁郡（福宁府）尤甚。婴堂、婴社之设，吾宁无此财力，骤难集事。

> 即福宁府因为无法筹集到建设所需资金，所以即使在附郭的霞浦县也没有设立育婴堂（善堂）和育婴社（善社）。[2]

与夫马进教授的结论稍有不同，本文的研究表明，清代康熙年间福建的育婴堂及其同类设施至少有

---

[1] 参见陈孔立：《清代台湾移民社会研究》，第37-87页，北京，九州出版社2003年8月版。

[2] ［日］夫马进：《中国善会善堂史研究》，第698-699页，北京，商务印书馆2005年6月版。

松溪生生所、漳浦育婴堂、长泰育婴堂、清流育婴堂以及福建巡抚李斯义"创设"的"育婴堂"。从李斯义以福建巡抚之尊"严溺女之禁，创育婴堂，收养遗孩，檄行八郡，全活甚众"一语看，李斯义创建以及福建八郡奉其"檄文"建置的育婴堂，应当不止一所。

（四）官方的主导作用

在清代福建各地建置育婴堂及其同类设施的历史过程中，官方的主导作用是显而易见的。

官员以个人身份参与的事例暂且旁置不论，官方将建置育婴堂及其同类设施视为公务活动或行政行为的事例亦不胜枚举。

例如，清代福建各地官修的方志将育婴堂及其同类设施列入"惠政志"，乃是将建置育婴堂及其同类设施视为公务活动和行政行为的明显证据。

又如，清代福建官方行政法规汇编《福建省例》收有乾隆三十三年（1768）制定的《育婴堂条规》，其文有"通行各属，凡有育婴堂之处，一体饬行，实心经理，毋稍忽废弛，虚应故事，致干察究"[1]之语，显示了行政干预的力度。

又如，乾隆年间，杨景素在"汀漳龙道"任上建漳州育婴堂，并撰《碑记》云：

> 漳俗多溺女者，余心为恻然，谓此非莅民者责耶？爰集郡、县诸长，谋所为收恤

---

[1] 引自《福建省例》，第473页，《台湾文献丛刊》第199种。

计，及建育婴堂，如京师、吴会诸地例，官
出俸钱倡始，岁率为常。[1]

又如，朱干隆《兼善集》所收彰化县《育婴堂章
程》乃经彰化知县、台湾知府和台湾道——审核批
准，台湾道并且"汇核各省所形成规，参酌损益，另
议章程八条"。[2]

（五）祀神、侨捐、贺钱、抄产等特殊事项

1、祀神

道光《厦门志》和民国《厦门市志》记厦门育婴
堂名"注生祠"；道光《金门志》记金门育婴堂"堂
中祀子孙娘娘"（按，"子孙娘娘"当是采访者误
记"注"为"子"的文读音、误记"生"的谐音为
"孙"而来，"子孙娘娘"应是"注生娘娘"），所
收《（金门）育婴堂条规》内开：

> 如有人求名、求寿、求嗣，发愿买救命
> 若干，听其到神前贴白愿救几命，将所费陆
> 续交缴，愿满之日，将白勾完存局，榜示闻
> 众。可两人共行，可一人独举，可量力而
> 止、可计时而归，较之刻文印送，其行事尤
> 为着实，获福更靡涯矣。[3]

所收《（金门）育婴堂碑记》则有"以四月二十一日

---

[1] 引自《宓庵手抄〈漳州府志〉》，第110－111页，漳州市图书馆
2005年8月影印本。

[2] 引自朱干隆：《兼善集》，光绪八年"三山吴玉田镌字"本。

[3] 引自道光《金门志》，第73页，《台湾文献丛刊》第80种。

迓神入祀"[1]之语；《马巷育婴堂碑记》记堂中"正祀临水夫人；左祀洪君，礼也；右祀福德神，循常例也"，又记"临水夫人三位，每年正月十五日、二月二十三日、九月初九日寿辰，每次定用钱壹千陆百文，共享钱肆千八百文"；[2]（按，传说中正月十五日为临水夫人的诞辰，而三月二十三日和九月初九日分别为妈祖的诞辰和升化日，这里所记"临水夫人三位"应包括有妈祖）；《新竹县制度考》所收《育婴堂递年应收各款及开销条目》（按，文中题及"林亦图"之名，林亦图字维丞，系光绪年间新竹县附生）有"育婴堂内油、香全年六元"[3]的记载，由此可知堂内供有神明。

清代福建育婴堂及其同类设施"迓神入祀"，供奉注生娘娘、临水夫人、妈祖一类传说中的妇婴保护神或具有妇婴保护功能的神明，是爱护女婴之良善用心的表现。遇有"到神前贴白愿救几命"以"求名、求寿、求嗣"者，其交缴的钱银又可供收养女婴之资，亦筹措善款之道也。

2、侨捐

新修《安海志》记：

> 倪人俊字子范，清道光年间人，性仁慈

---

[1] 引自道光《金门志》，第74页，《台湾文献丛刊》第80种。

[2] 引自何丙仲：《厦门碑志汇编》，第129-130页，北京，中国广播电视出版社2004年7月版。

[3] 引自佚名：《新竹县制度考》，第89页，《台湾文献丛刊》第101种。

好善。其时溺女婴之风甚盛，野井山沟，婴或常见。人俊目击心伤，恻然以拯救难婴为己任。于道光二十四年甲辰（1844）邀集地方善士开设育婴堂。人俊毅然渡洋，于新加坡、泗水、菲律宾一带筹集经费。华侨踊跃输将，该堂俾得发展，先后活婴无数。其后辈亦能继承美德，乐善为怀，值得称颂。[1]

叶文澜《（厦门）育婴堂记》记：

> （厦门育婴堂）自壬戌迄辛未，短1.2万两有奇。余侦其情，又不得不独立措垫，然前亏既补，后顾茫然。适余有南洋之行，渡沪滨，逾遏、腊，募同乡之为寓公者，遂合资置产为久长计。[2]

上记"自壬戌迄辛未"为同治元年迄同治十年（1862-1871）。叶文澜赴南洋筹集侨捐以充育婴堂经费当是同治十年（1871）至光绪八年（1882）间的事，所到之"遏、腊"即暹罗（今之泰国）、真腊（今之柬埔寨）也。

3、贺钱

光绪间彰化生员蔡占鳌（家住大肚溪上保鳌头街）"为重修育婴堂捐租济费"的禀文谓：

> 窃以为闾阎之大，贫富不齐，生灵之

---

[1] 引自新修《安海志》，第356-357页，福建晋江市《安海志》修编小组1983年9月编印本。

[2] 引自民国《厦门市志》，第466页，北京，方志出版社1999年5月版。

繁，男女无异。而世反以为生男可庆、生女可悲，甚至一举弄瓦竟有溺水而不顾者。仁人闻之实以伤心。[1]

针对"以为生男可庆、生女可悲"的世俗偏见和溺女陋习，澎湖育婴堂为新生女婴专门设立"贺钱"："查光绪十八年十二月，现存女婴二十三名，每名月给口粮八百文。凡新报者，每名贺钱六百文，裙帐二副（钱约近二百文），皆以原母养原女八个月，则截止不复给矣"。

4、抄产

据《兼善集》所收相关文件，光绪八年（1882）朱干隆在彰化知县任上报经台湾道、府批准，"将戴案抄封庄天赐瓦房改作育婴堂"，即将抄产充为育婴堂的房产。

另外，朱干隆还报经台湾道、府批准，将民事诉讼双方（姚乞与王金钢）"争管"的"厝屋"一座，"充入育婴堂，年收租税以为经费"。[2]

这是官方利用司法手段推动育婴堂事务的事例。

2006年9月3日午夜

[1][2] 引自朱干隆：《兼善集》，光绪八年"三山吴玉田镌字"本。

〇二九

第贰章

关键词	提要	标题
		第贰章
锢婢 晚清诗文 闽台两地 社会问题	本文翻检晚清时期（道光朝至宣统朝）刘家谋、陶浚宣，以及陈盛韶、梁章钜、姚莹、王凯泰、马子翊、范克承、郑籛、邱逢甲、唐景崧、郑珍甫等人的相关诗文，记取闽、台两地锢婢之风的若干情况：「赤脚」与「执役」，「婢作夫人」与「执役依然」，「野合生子」与「去子留母」，「身属君家」与「去母留子」，「为女不为妇」与「未嫁若未亡」，以及官、绅诫禁锢婢之风的良善举措。	**赤脚婢、奶丫头及其他** ——从晚清诗文看闽、台两地的锢婢之风

乾隆《福州府志》记：

> 张伯行，字孝先，仪封人。康熙乙丑进士。四十六年，巡抚福建。……闽俗买贫女为婢，凡男子劳役，悉以属之，婢有至无齿不嫁者，或鬻之尼院，得价倍，而弊乃甚于锢婢矣。伯行谕令赎归，间或分俸代为偿而归之，特严幼女为尼之禁，民感其义，俗遂革。[1]

这里所记"买贫女为婢，凡男子劳役，悉以属之，婢有至无齿不嫁者"，是为"锢婢"；"赎归"和"偿而归之"，即偿还赎金、令婢婚配（归，女子出嫁也，《诗·周南·桃夭》："之子于归，宜其室家"）；康熙四十六年为1707年，张伯行时在福建巡抚任上。

光绪元年（1875），王凯泰以福建巡抚移驻台湾，亦不幸而见锢婢之风盛行的状况。其《台湾杂咏三十二首》有诗并注云：

> 夭桃莫赋女宜家，韵事徒传竹里茶。少小为奴今老大，星星霜鬓尚盘鸦（锢婢之习，台郡尤甚）。[2]

从福建巡抚张伯行到福建巡抚王凯泰，亦即从清代前期迄于清代晚期、由闽省内地至于闽省台地，锢婢之风并未止于一时一地也。

---

[1] 引自乾隆《福州府志》，上册，第91页，福州，海风出版社2001年7月版。
[2] 引自《台湾杂咏合刻》，第44页，《台湾文献丛刊》第28钟。

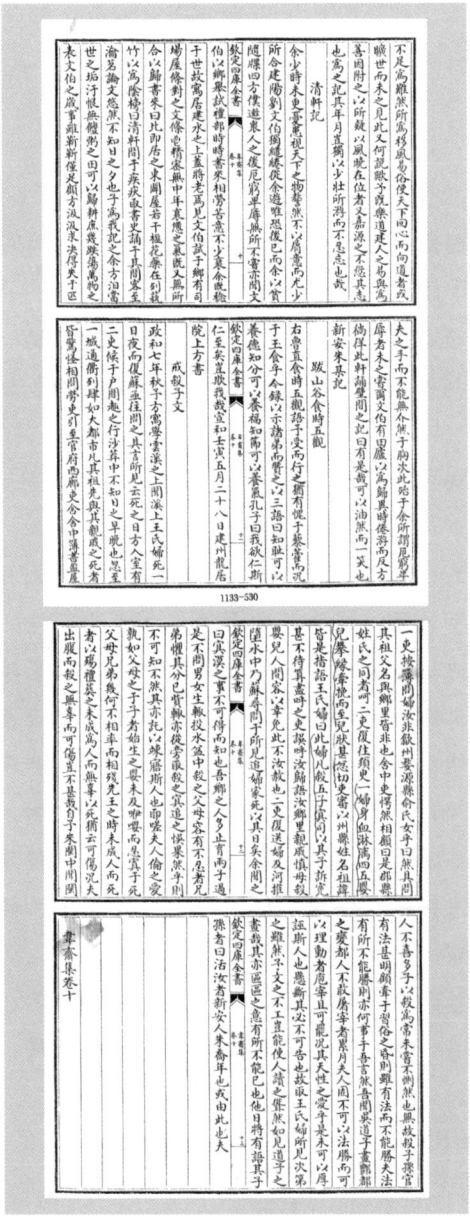

1133-530

《韦斋集》书影

不足爲難然所爲移風易俗使天下回心而向道者或曠世而未之見此又何説歟予既樂道建人之易與爲善因附之以所疑以風曉在位者又嘉源之不懲其志也爲之記其年月蓋獨以少壯所游而不忍忘也哉

清軒記

余少時未更憂患視天下之物藐然不以屑意而尤少所合建陽劉文伯獨繾綣從余遊唯恐後已而余以貧隨牒四方僕遨衆人之後厄窮卑辱無所不嘗亦聞文

欽定四庫全書 韋齋集 卷十 十一

伯以鄉舉試禮部時時書來相勞苦意不少衰余既檢于世故寓居建水之上蓋將老焉見文伯試于鄉有司埸屋條對之文條鬯精密無中年衰憊之氣既又無所合以歸書來曰比即居之東闢屋若干楹花藥在列栽竹以爲陰榜曰清軒閒于疾疢取書史誦于其間客至瀹茗論文悠然不知日之夕也子爲我記之余方汩當世之垢汙恨無饘粥之田可以歸耕庶幾跌蕩萬物之表文伯之歲事雖靳靳僅足顧方汲汲求決得失于區夫之手而不能無介然于胸次此殆于余所謂厄窮卑辱者未之嘗爾文伯有田廬以爲歸異時倦游而反方徜徉此軒誦壁間之記曰有是哉可以油然而一笑也

新安朱某記

跋山谷食時五觀

右魯直食時五觀語予受而行之猶有愧于藜藿而況于王食乎今録以示諸弟而贊之以三語曰知恥可以養德知分可以養福知節可以養氣孔子曰我欲仁斯

欽定四庫全書 韋齋集 卷十 十二

仁至矣豈欺我哉宣和壬寅五月二十八日建州龍居院上方書

戒殺子文

政和七年秋予方寓學雲溪之上聞溪上王氏婦死一日夜而復蘇亟往問之具言所見云死之日方入室有二吏候于户間趣之行沙莽中不知日之早晚也忽至一城通衢列肆如大都市凡其祖先與其親戚之死者皆驚怪相問勞吏引至官府西廊吏舍舍中簿書盈屋

1133-530

一吏披簿問婦汝非歙州婺源縣俞氏女乎曰然具問其祖父名與鄉里皆非也舍中吏愕然相顧曰是郡縣姓氏之同者呵二吏復往須臾一婦身血淋漓四五嬰兒攀緣牽挽而至兒狀甚慼切吏審以州縣姓名祖諱皆是指語王氏婦曰此婦凡殺五子冥司以其子訴冤甚不待算盡呼之吏躡呼汝歸語汝鄉里親戚慎毋殺嬰兒人間容以幸免此不汝赦也二吏復送婦及河推墮水中乃蘇奇問于所見追婦家死以其日矣余聞之

欽定四庫全書 韋齋集 卷十 十三

曰冥漠之事不可得而知也吾鄉之人多止育兩子過是不問男女生輒投水盆中殺之父母容有不忍者兄弟懼其分已貲輒亦從旁取殺之冥追之慘果然乎則不可知不然其亦託以竦寤斯人也耶嗟夫人倫之愛孰如父母之于子者始生之嬰未及咿嚶而忍寘于死父母兄弟幾何不相率而相殘先王之時未成人而死者以殤禮葬之未成爲人而無辜以死猶云可傷況夫出腹而殺之無辜而可傷豈不甚哉自予來閩中聞閩人不喜多子以殺爲常未嘗不惻然也無故殺子孫官有法甚明顧牽于習俗之昏則雖有法而不能勝夫法有所不能勝則亦何事于吾言然吾聞吳道子畫酆都之變都人不敢屠宰者累月夫人固不可以法勝而可以理動者庖宰且可罷況其天性之愛乎是未可以厚誣斯人也懸斷其必不可告也故取王氏婦所見次第之雖然予文之不工豈能使人讀之惕然如見道子之畫哉其亦區區之意有所不能已也他日將有語其子

欽定四庫全書 韋齋集 卷十 十四

孫者曰活汝者新安人朱喬年也或由此也夫

韋齋集卷十

《韦斋集》书影

本文拟从晚清（道光朝至宣统朝）部分诗文看闽、台两地的锢婢之风。

一

福州诗人刘家谋于1849—1853年任台湾府学训导并卒于任。

刘家谋"留心文献，所至则搜罗掌故，……于地方利弊尤惓惓焉"。[1]其在台诗有多种涉及锢婢之风。

刘家谋《观海集》[2]有《赤脚苦》诗并注云：

> 缚脚欢乐赤脚苦，幼别耶娘去乡土。一生冷落不知春，霜雪埋头死无数。岂无浪合野鸳鸯，贱辱讵异青楼倡。生儿不得置怀抱，乳湩还为他人将。吁嗟呼！鸟雌思雄兽求牡，舞蝶游蜂亦有偶。谁谓娴兮独否否，娴兮何以称珠母。吁嗟呼！娴兮何以非珠母（小脚曰缚脚，大脚曰赤脚。婢皆大脚，老不遣嫁，听其野合生子。既生则去子留母，使乳己子，或鬻他人得重偿，谓之乳娴。娴，音如简）。

其《海音诗》有诗并注云：

> 婢作夫人固有时，江沱江汜亦何辞。独

———————

[1] 谢章铤：《赌棋山庄稿本》，第1册，第77页，南京，江苏古籍出版社2000年11月版。

[2] 清咸丰戊午（1858）刻本。

怜赤脚厨头走，垂白无因着履綦（大脚者，

曰赤脚；小脚者，曰缚脚。婢皆大脚跣足，

或指配与人，始得穿屦，而执役依然。锢婢

之风，豪富家尤甚，不能禁其奔也）。[1]

"赤脚"是婢女的贱称之一，梁章钜《称谓

录》："《鹤林玉露》：'杨诚斋退休南溪之上，老

屋一区，仅蔽风雨，长须赤脚，才三四人。'案，长

须为奴，赤脚为婢"；[2]"婳音如简"，即"婳"读

如"简"之福州方言或闽南方言的白读音[kan]。

刘家谋诗记录了如下情况：

1、"赤脚苦"与"执役"

刘家谋诗题"赤脚苦"即"赤脚婢苦"也。

婢女多不缠足，因而有"赤脚"、"赤脚婢"、

"大脚婢"一类贱称。

我曾在《从台南石姓某家的户籍誊本看日据时期

台湾社会的若干情况》一文指出：

缠足使得缠足妇女的生活能力和劳动能

力大为减损，如林琴南（1852-1924）《小

脚妇》诗所写："小脚妇，谁家女？裙底弓

鞋三寸许，下轻上重怕风吹，一步艰难如万

里。左靠嬷嬷右靠婢，偶然蹴之痛欲死"。

"破屋明斜阳，中有贤妇如孟光。搬柴做饭

---

[1] 刘家谋：《海音诗》，引自《台湾文献丛刊》，第28种，第16
    页、第16-17页。

[2] 梁章钜：《称谓录》，第474页，福州，福建人民出版社2003年
    12月版。

长日忙，十步九息神暗伤。试问何为脚不
良？妇看脚，泪暗落，缠来总悔当时错"。
出于劳动的需要，查某娴是不缠足的。石姓
某家的查某娴四人（均不缠足）是一个集体
的证明。[1]

在闽南方言里，婢女称"查某娴"。如刘家谋所记，
"婢皆大脚"乃出于"执役"之需要。

2、"婢作夫人"与"执役依然"

婢女"或指配他人"，在主家"执役依然"。显
然，婢女不离主家而"指配他人"，指配的应是主家
的男性奴仆。"婢作夫人"即婢女婚嫁后，其为人奴
仆、听人使役的状况依然不变。

3、"野合生子"与"去子留母"

婢女年届婚龄多不遣嫁，间或有"野合生子"之
事，"既生则去子留母，使乳己子，或鬻他人得重
偿，谓之乳娴。"

"乳娴"又称"乳婢"、"奶丫头"。"生儿不
得置怀抱，乳湩还为他人将"是乳娴（乳婢、奶丫
头）悲惨遭遇的写照，令人读而发"吁嗟呼"之叹！

比刘家谋稍早，道光十三年（1833）陈盛韶"调
台湾署鹿港厅事"，其《问俗录》里亦有关于"奶丫
头"的记录，其文曰：

使女曰丫鬟，闽人曰丫头；乳姆曰奶

---

[1] 引自拙著：《闽台历史社会与民俗文化》，第27-28页，厦门，
鹭江出版社2000年8月版。

娘，闽人曰奶妈。台湾别有奶丫头。使女未嫁，未学养子，奶汩汩然出，讳莫如深。曷为乎？炫玉求售，自诩为奶丫头也。使女终其身，主人不嫁卖，不管束，听其野合，不以私胎为嫌，生女或致之死，生男或所私者抱去，不则，主人仍育为奴。于是丫头有奶，乳哺四雇，别其名贵其值，曰奶丫头。

人无贵贱，得天之理与气，羞恶之心，情欲之感，则一嫁不及时，淫奔炽而羞丧，人道类于禽兽。守令者，风俗之表率，必谆谆教诫，使及时嫁卖。不听即惩以重刑，匪特敝俗可革而息，闺中怨气，转酿为太和，未尝非积善余庆之一端。[1]

陶浚宣的《鹭江老婢行》和《续老婢行》记录了婢女和婢女生活的另外两种类型。

据尚小明《清代士人游幕表》，陶浚宣（1846-1911），字心云，号稷山，浙江会稽人，1876年举人，曾先后游于江苏学政王先谦、两广总督张之洞幕中。[2]另据民国《厦门市志》，陶浚宣于光绪二十六年（1900）流寓厦门。[3]

民国《厦门市志》记：

[1] 引自《蠡测汇抄·问俗录》，第128页，北京，书目文献出版社1983年6月版。

[2] 参见尚小明：《清代士人游幕表》，第254页，北京，中华书局2005年3月版。

[3] 参见民国《厦门市志》，第685页，北京，方志出版社1999年5月版。

锢婢之风气，会稽陶浚宣著有《鹭江老婢行》二首，词意凄惋，不堪卒读，洵有心人也，爰全录之。诗云："人生有母子，贵贱理亦齐。卖女与鹭乡，白首终养厮。自幼入君门，汲爨宁所辞。常忍冻与饥，敢逃鞭与笞。十五学梳头，赤脚羞弄姿。顾我笑终风，下体怜葑菲。既荷主人恩，又怵主人威。此身属君家，焉能自主持。女萝附松柏，高下终连枝。薜荔多旁生，鸳鸯效两栖。妾身未分明，儿身无是非。痴心听娇儿，加意相提携。谁制主仆礼，不念劬劳诗。生男绣作襁，生女锦为褵。啼笑坐中堂，阿母侍阶墀。呼同臧若获，驱类犬与鸡。本是房中老，长教灶下炊。伯劳逐燕飞，比翼终参差。主恩一朝断，弃我忽如遗。落花辞故枝，茵溷随风吹。覆水大海中，宁问流东西。儿女看成行，骨肉若路歧。小儿不解语，大儿知牵衣。问娘往何处，归买枣与梨。明知永不返，还顾儿悲啼。出门复入门，儿女终无知。吞声摧肺肝，儿女为酸凄。俯仰予一身，不如老寡妻。红颜多错忤，皓首终谁归？吾闻春秋义，母贵贵以儿。嫡庶有明分，毛里无差池。覆育生我恩，胎养皇天慈。奈何蔑懿亲，天属忍仳离。大妇非关妒，陋俗视无奇（俗谓之去母留子）。圣朝崇孝治，肤发追所贻。推恩生身母，褒礼通尊卑。诰封九天锡，服制三年衰。漳泉文明地，闽海宏安溪。锢成无母邦，天怒鬼神嗤。革俗责士绅，厉禁申官司。起化原'二南'，君子铸九夷。六沴荡和气，天网终恢恢。人禽几希界，水木本源思。"《续老婢行》云："造化肇夫妇，一阴俪一阳。帝王重怨女，无俾'摽梅'伤。婢养亦人子，憔悴成孤凰。我欲赓此曲，此曲摧心肠。主母吼若虎，主父狠似狼。父母生我时，爱惜过弄璋。自昔罹丧乱，割肉投蛮乡。卖儿几多钱，敢怨爷与娘。高天晨鸟飞，翼翼看双翔。仰视近卉荣，花叶自相当，夭桃灼灼明，照眼春风狂。繁华坐销歇，安能常芬芳。神仙自小姑，居处岂无郎。天上牵牛星，岁岁遥相望。阿妹美姿首，高价千金偿。流涕压针线，代理嫁时装。鸳鸯七十二，户户列成行。大妇缀珠珰，小妇带流黄。老婢无所为，灭烛还空房。房中何所有，旧制罗襦裳。罗襦久不施，掩镜洗红妆。凉风起天末，白露秋为霜。双鬓何窈窕，鬓底星星苍。为女不为妇，未嫁若未亡。圣代仁万物，宫怨鉴汉唐。及时放掖庭，不令老嫔嫱。锢婢国所禁，刑律宪有章。女嫁二十期，逾时为不祥。择对称灵痴，休争聘短长。人生贵知类，贵贱同伦常。己身及己女，袷悦百两将。若非女儿身，对镜理不盲。孤阴久为厉，元气愁隐妨。郁成长憾天，日月无圆光。呼龙吸海水，秽俗荡泉漳。有情皆满愿，铄石补天荒。"[1]

陶浚宣《鹭江老婢行》和《续老婢行》分别描述了漳、泉、厦地区的如下情况：

1、"身属君家"与"去母留子"

梁章钜《称谓录》记：

> 《汉书·王吉传》："王崇谢病乞骸骨，王遣就国，岁余，为傅婢所毒。"
>
> 《注》："师古曰：傅婢者，傅相其衣服衽席之事。"《颜氏家训》："不及傅婢之指挥。"[2]

在闽南方言里，傅婢称"姐"（音如普通话"这"的口头读音，但不翘舌），指称的亦是同主人有私密关系乃至性关系的婢女。如陶浚宣所记，"十五学梳头，赤脚羞弄姿。顾我笑终风，下体怜葑菲。既荷主人恩，又怵主人威。此身属君家，焉能自主持。女萝附松柏，高下终连枝"是年届婚龄的婢女同主人之性关系的写照。傅婢生育儿女后，听人使役的状况依然不变："呼同臧若获，驱类犬与鸡"（《称谓录》："骂奴曰臧，骂婢曰获"[3]）。傅婢

[1]　引自民国《厦门市志》，第714-715页。

[2]　梁章钜：《称谓录》，第475页，福州，福建人民出版社2003年12月版。

[3]　梁章钜：《称谓录》，第470页，福州，福建人民出版社2003年12月版。

在主家的地位低下，而其低下的地位亦是朝夕不保的，"主恩一朝断，弃我忽如遗。"一旦傅婢被逐出主家，其儿女却必须留在主家，"俗谓之去母留子"！

2、"为女不为妇"、"未嫁若未亡"

《续老婢行》里的老婢，属于嫁期被耽误（"女嫁二十期，愈时为不祥"）、婚姻生活甚至性生活权利亦被剥夺（"为女不为妇"）的"怨女"。终其一生，"未嫁若未亡"。

二

婢女的遭遇引起众多诗人的同情，婢女问题则引起官、绅的关注。

例如，在《诗畸》[1]所收以《逃婢》为题的诗作里，诸诗人为婢女设想了"出笼灶下飞娇鸟"的出路。

闽县郑篯（肖彭）诗云：

> 青衣踪迹不分明，花下更番觅紫樱。失去任嘲刘禹锡，跪余忍弃郑康成。不知赤脚谁新主，疑与苍头有旧盟。傥入侯门犹幸事，萧郎无奈苦钟情。

台湾邱逢甲（仙根）诗云：

> 青衣暗脱出门初，懒向妆台作侍书。五

---

[1] 清光绪癸巳（1893）年刻本

夜添香心已逸，双丫就道胆犹虚。出笼灶下
飞娇鸟，漏网泥中走小鱼。怕有多情阮遥
集，追回人种急骑驴。

灌阳唐景崧（南注）诗云：

> 樱桃花底避人行，团扇前宵影尚明。鱼
> 婢杳然流水迹，鹦哥犹作下帘声。卖珠犹怜
> 如儿女，粘贴教人识姓名。最苦闺娃相伴
> 久，青衣空挂不胜情。

又如，光绪年间马子翊《台阳杂兴三十首》有句
质问锢婢之家云：

> 底事豪门偏锢婢，秋风萧瑟若未情。[1]

又如，宣统年间，台湾新竹诗人郑珍甫（神宝）
有《老婢》诗对怨旷婢妪寄寓同情，诗云：

> 薄命如花不自怜，泥中逢怒几春秋。添
> 香扫地无多事，且伴经神到白头。[2]

刘家谋曾记录官、绅诫禁锢婢之风的三个事例，
其《海音诗》有诗并注云：

> 可怜十曲已嘘唏，再到堂前笔寓讥，辛
> 苦吴航柯博士，载将怨女满船归（周涧东太
> 守[彦]有《十可怜》之歌，戒锢婢也。郑六
> 亭广文《再到堂笔录》亦讥之，以为士大夫
> 家何苦为此徒作冤孽以贻后耳。长乐柯义周
> 广文[尤章]尝掌教崇文书院，将归，载婢数

---

[1] 马子翊：《台阳杂兴三十首》，引自《台湾文献丛刊》，第28
种，第60页。

[2] 引自蔡汝修编：《台海击钵吟集》，1911（？）年版。

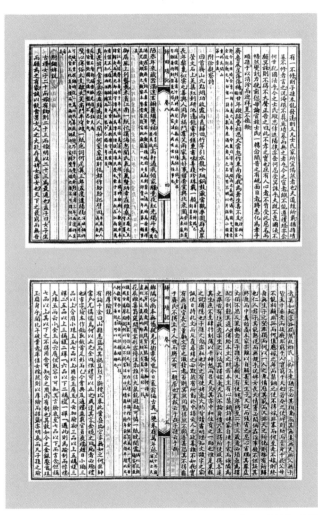

《归田琐记》书影

十人于内地嫁之，诚苦海慈航也）。[1]

与刘家谋几乎同时，梁章钜于道光二十四年（1844）在福建浦城县养病期间，亦有诗、文诚禁锢婢之风并记其"遣婢"善举：

> 惊心薄俗太支离，失笑高门半守雌。一纸巵词何足算，三年五度遣杨枝（浦城锢婢之风，牢不可破。余曾撰《锢婢说》一篇，以代暮鼓晨钟，乃殊少警觉者。余到浦甫三年，而遣婢至五次，皆不化其身价，而中两婢乃从锢婢之家转鬻而嫁之者。不可谓但以言感人者矣）。[2]

其《锢婢说》文曰：

> 古礼，女子二十而嫁。有故则二十三而嫁。明以二十三为最迟也。孟子曰：女子生而愿为之有家。诚以饮食男女，人之大欲存焉。婢女亦女也。天下之最穷而无告者，莫如鳏寡孤独。然此四民者，即不幸犹不必其相兼。而其无妻、无夫、无父、无子皆至于垂老而后废，非穷于人而穷于天也。若今之使婢，则幼而卖身于我，父母不能相顾，非孤而何。值应嫁之年而禁锢之，使不得嫁，非寡而何。至老不嫁，则终身无生子之望，

四四

---

[1] 刘家谋：《海音诗》，引自《台湾文献丛刊》，第28种，第16页、第16-17页。

[2] 梁章钜：《归田琐记》，卷八，引自《清代笔记丛刊》，第2册，第1936-1937页，济南，齐鲁书社2001年版。

非独而可。以一人之身，备历其穷，而又非天之所使，则咎有所归也。仁人君子，其能熟视而无睹乎？况婢女长大，情窦必开，倘奸淫事发，不但误其终身，而中冓贻羞，本家亦难以自解。甚至生子，又从而残害之，忍心害理，其罪益大。独不思及果报，念及子孙乎。吾愿凡有使婢，年将至二十三岁者，必须亟为择配，否则听其适人。薄给本主之财。若本主有心禁锢，许婢家自陈于官，而族邻为之举首。有隐蔽者，亦坐之以法。其择配者，尤在不论身价，只求得所，使咸得各遂其生。庶不至肆行刻薄，以干神怒，而召天灾。其亦中和位育之一助也。惟是果报之说犹隐也，子孙之念亦私也。今之有使婢者，大约皆读书明理、知文识字之家，诚使日持此文而反复寻绎之，必默然有所动于中。语云：人之欲善，谁不如我。实有无藉官长之董劝，文字之激发者。否则，冥然无觉，悍然不顾，吾甚恐其不得齿于齐民、不得立于人世，而将不可朝居也。果报云乎哉！子孙云乎哉！[1]

刘家谋和梁章钜都以"果报之说"、"子孙之念"即因果报应，作孽贻后的说法告诫锢婢之家。

○四五

---

[1] 梁章钜：《归田琐记》，卷八，引自《清代笔记丛刊》，第2册，第1936-1937页，济南，齐鲁书社2001年版。

道光二十年（1840），姚莹在台湾分巡兵备道任上有《锢婢积习示禁碑记》，略谓：

> 据绅士禀称：窃照家有贫富，人有贵贱。台地最可伤者，惟婢女耳！夫良家女子，在家则有父母兄弟姐妹之亲，出嫁则翁姑夫妇妯娌儿女之乐；独自为婢，不过父母家贫，不得已割爱卖充贱役，为偿数十两身价，以救饥寒。彼独非十月怀胎、三年哺乳之人也哉！礼称女子十五笄而字，二十年而嫁。明乎时之不可失也。思吾有女，必分配及期；佳偶未卜，则日夜隐忧。易地以观，岂甘迟之岁月至老无配欤？台地风俗，婢长不嫁，或畜之于家，或转鬻他人，终身老役，死而后已！……。细天地好生之德，陷家庭难言之隐，良心丧尽，天理奚存！冤气郁结，幽愤莫伸，上干天怒。此台阳所以或数年遭一小劫，或十年遭一大劫，未必非此阶之厉也。……等情到道。据此，查例载：凡绅衿庶民之家，如有将婢女不行婚配、致令孤寡者，照不应重律杖八十，令其择配等语。是不嫁婢女者，本有治罪明条。乃台地锢婢之风，出于情法之外，上干天和，下败风俗，屡经前道、府暨本司道示禁劝论，仍不能改！……。为此示仰台属绅士军民人等知悉：凡尔绅士系读书明理之人，当为齐民之表率，即军民人等亦各具有天良，亟应广

积阴功，务各遵照本司道所定章程：家如有婢女年至二十三岁以上者，一概即为择配，以召天和而挽恶习。如敢故违，许该婢及婢之父母兄弟亲属人等赴地方官呈明，即将该婢领回择配，不追身价；仍将该家长照例治罪，以为怙恶不仁者戒。其各猛省，毋违！特示。[1]

道光二十八年（1848）前后，徐宗干在台湾兵备道任上有《戒锢婢文》，其文曰：

> 夏正二月，绥多士女；周官仲春，令会男女。风诗桃夭、摽梅诸篇，咏婚姻以时。生民之始，王化之基；齐家治国，其理一也。

> 夫正家之道，以不用婢女为最善；即使令需人，近年二十，必须及时择配。彼亦子女，不过命薄耳；一任禁锢，非所以养和气于家室、贻阴德于子孙也。且天地之气，与人心相感召，中和位育，调燮之机甚微。但以因果浅近之说验之，凡多蓄婢者，家道必不和顺，子孙每少繁昌，盖怨旷郁积所致也。即如天灾风患、水溢地震、灾祲病疫，虽天地气数，究由人而兴。其理固无或爽焉。闻绅官、殷实之家，好善乐施者众，而

---

[1] 引自黄典权：《台湾南部碑文集成》，下册，第470-471页，《台湾文献丛刊》，第218种。

隐造此孽，损伤实多。若由地方查禁，恐胥役人等及奸民藉端滋扰，别生枝节；是以先行告戒，其各发恻隐之心，挽回积习。互相劝勉，公同立限，半年以内，如家有年近二十婢女，概行择配。但须令其依托得所，不得欲速见利，误其终身。倘留配奴仆家人，亦须礼以行之，明正名分。是亦杜渐防微，为保家长久之计；智者自能远虑及之，幸勿视为琐琐迂谈！强恕而行，求仁莫近，仍为自己儿女种福，此不费钱之大功德也。[1]

光绪年间，范克承在台湾安平知县任上有《严禁锢婢不嫁碑记》，其文略谓：

光绪十五年五月二十一日，据芙蓉郊董事职员张大琛等禀称："……郡城有等绅富，买用婢女，甚至二十岁以上，仍使其市肆往来，阃外无分。遇轻浮之徒，当众戏调；稍为面熟，即有贪利六婆勾引成奸。所谓奸尽则出杀由，祸害更烈。琛等眯风化攸关，可否请以示禁有婢之家，凡使女至二十岁以上者，如本有婿，或无婿而有娘家可主者，该家主收回原交身价、退回字据，将该女交其父母领回分配、不得久留使用。似此

---

[1] 引自《治台必告录》，《台湾文献丛刊》，第174种，第366-367页。

可无怨女之忧，藉培家主之德，贩运奸徒亦
可奸无从入手，引诱之辈又可绝勾奸之术。
琛等心存义举，仁宪自有权衡，是否有当？
不揣冒渎，陈情再叩，仰祈俯赐转详，通饬
勒石严禁"等情到县，……本县查：姻婢不
嫁，最为恶俗。该职员所禀，系杜绝奸拐，
整顿风化起见，似可俯如所请，除详情道宪
通饬一体示禁外，合行出示严禁。为此，示
仰合邑绅商军民诸色人等知悉，自示之后，
如有年大婢女，赶紧即行婚配，不得仍蹈故
辙，倘敢锢婢不嫁，一经察出，无论何项人
等，定即从严惩办，决不姑宽！各宜自爱，
毋违，特示。[1]

作为在职官员，姚莹、徐宗干和范克承亦以"果
报之说"、"子孙之念"告诫锢婢之家，其立碑示禁
之行政行为的法律依据是《大清律例》关于"凡绅
衿、庶民之家，如有将婢女不行婚配，致令孤寡者，
照不应重律杖八十"的条文。

2006年10月1-5日记于厦门

---

[1] 引自黄典权：《台湾南部碑文集成》，下册，第520-521页，
《台湾文献丛刊》，第218种。

第叁章

标　题	提　要	关键词
第叁章		
清代福建的溺女之风与童养婚俗	本文选辑和摘录清代福建溺女之风的历史记录和育婴堂『条规』或『规条』一类历史文件。本文认为，『严禁溺女』、『董行育婴』和『劝抚苗媳』是清代官方遏制溺女之风的主要措施；『童养』和『育婴』相配套，曾经是救济女婴的『因风成俗，随地制宜之一法』，清代官方『法令不禁，听从民便』；然而，当童养婚俗参与维护女婴的生存权时，预先（而不待其年届婚龄）剥夺了女婴的婚姻自主权，童养婚俗亦是侵犯女权的陋俗。	清代福建　溺女　育婴　童养　女权

溺女即溺弃女婴之风乃是一种古老的恶俗，《前汉书》卷七十二《王吉传》所谓"聘妻送女亡节，则贫人不及，故不举子"[1]，是关于溺女之风的明确记载。

在福建，宋代已有溺女之风的记载。宋政和八年（1118），朱熹之父朱松在福建政和县尉任上撰《戒杀子文》，其文有"自予来闽中，闻闽人不喜多子，以杀为常，未尝不恻然也"[2]之语。朱松字乔年，号韦斋，其《戒杀子文》在政和县发生了影响。清道光《福建通志》引《政和县志》记：

昔多溺女，自韦斋先生重戒后，俗渐革。有贴钱帛与人抱养为媳者。[3]

明代福建方志亦有福建溺女之风的历史记录。如《闽书》卷三十八《风俗》记：

姻缔论财，要责无厌，贫则弃之。故其俗至于溺女不爱惜。[4]

又如万历《福安县志》记：

论婚以财，责备筐篚，骛产妆奁，以致

---

[1] 引自《前汉书》，第282页，上海古籍出版社、上海书店1986年12月《二十五史》本。

[2] 引自朱松：《韦斋集》卷十，《四库全书》本。

[3] 转引自道光《福建通志》，卷五十五《风俗志》。

[4] 引自《闽书》，第2册，第944页，福州，福建人民出版社1994年6月版。

中人之家不敢举女。[1]

又如崇祯《寿宁待志》记:

> 闽俗重男轻女,寿宁亦然,生女则溺
> 之。[2]

入清以后,福建溺女之风愈演愈烈。兹选辑清代福建各地溺女之风的历史记录以证其严重性。

康熙《连城县志》记:

> 婚娶繁华。虑嫁奁之苛责,方弄瓦而即
> 淹于水。[3]

康熙《松溪县志》记:

> 俗尚寡恩,凡贫民生子不能畜者,多溺
> 不举,而女尤甚。[4]

康熙年间,陈汝咸在漳浦知县任上撰《严禁溺女谕》,其文略谓:

> 今查浦属溺女之风,较之他邑尤甚。而
> 且一邑之中旷鳏十居六七。男女之情乖,则
> 奸淫之事起;家室之念绝,则盗贼之心生。
> 奸淫则风俗不正,盗贼则地方不宁,是溺女
> 之害不特灭绝一家之天理,而且种成奸淫盗

---

[1] 引自万历《福安县志》,第32页,福建省福安市地方志编纂委员会2003年3月整理本。

[2] 引自崇祯《寿宁待志》,第51页,福州,福建人民出版社2003年6月版。

[3] 引自康熙《连城县志》,第49页,北京,方志出版社1997年11月版。

[4] 引自康熙《松溪县志》,第268页,福建省松溪县地方志编纂委员会1986年7月整理本。

贼之祸根。[1]

乾隆《泰宁县志》记：

> 婚嫁有礼，在乎完儿女百年之好，若妇家苛责聘仪，婿家较量奁物，以非礼矣。今嫁女之家，但求饰观，物物取备，罄其资而不惜，或且称贷从事，百金之家如是，千金之家必数百之；缙绅之家如是，庶民之家亦从而效之，遂有生计艰难，家业渐替者。于是贫氓固以女为嫌，富家亦以女为累，而溺女之风成矣。赤子含冤，慈心顿丧，可哀也哉！何如量力遣嫁，桃夭冰泮，不至愆期，裙布钗荆，尽堪宜家。诚使富贵者力崇俭德，挽回必易。二十年后畅然富庶气象矣。[2]

乾隆年间勒石的《（厦门）普济堂碑记》（蔡琛）记：

> 闽人习俗，凡女子遣嫁，夫家必计厚奁，故生女之家，每斤斤于日后之诛求，辄生而溺毙。[3]

乾隆年间勒石的《（漳州）育婴堂碑记》（杨景素）记：

[1] 转引自道光《福建通志》，卷五十五《风俗志》。

[2] 引自乾隆《泰宁县志》，第29页，福建省泰宁县地方志编纂委员会1986年12月整理本。

[3] 引自民国《厦门市志》，第465页，北京，方志出版社1999年5月版。

漳俗多溺女者，余心为恻然。[1]

乾隆《长泰县志》记：

> 重门户，侈妆奁，中人家行嫁，无明珠
> 翠羽之属，卒以为耻，故愚拙之民生女多不
> 举。[2]

乾隆《福清县志》记：

> 俗有溺者，因生女多难于养育，遂致
> 之死。哀哉！虎狼尚爱其子，此直虎狼之不
> 若矣。或曰，将以速生求男也。夫杀已生之
> 子以求未生之子，稍有人心者不为。况生男
> 有命，岂杀女所能求哉？天道昭昭，必有以
> 报之矣。[3]

乾隆年间，郑光策在福清县某书院掌教任上撰
《与夏彝重书》，其文略谓：

> 昨蒙询溺女一事，最为此邑恶习。土风
> 丰于嫁女。凡大户均以养女为惮，下户则又
> 苦无以为养，每家间存一二。然比户而计，
> 虽所溺多寡不同，实无一户之不溺。历任各
> 明府皆痛心疾首，出示严禁，然不得要领。
> 不过视为具文，实于风俗无所裨益。弟平日
> 即有所闻，旧岁夏间始得其详。细询诸生，

---

[1] 引自《宓庵手抄〈漳州府志〉》，第110页，漳州市图书馆2005年8月影印本。

[2] 引自乾隆《长泰县志》，第268页，福建省长泰县地方志编纂委员会1990年2月整理本。

[3] 引自乾隆《福清县志》，第158页，福建省福清县志编纂委员会1987年12月整理本。

溺女之事究系何人下手？据云，当分娩之际母氏强半昏晕，且畏试水；男人又不入房；所有姒娌姑嫜，凡属女流，悝怯者亦十而八九，惟稳婆实左右其间。渠以习惯渐成自然，又于所乳者无丝毫血属之情，故其心甚忍而其手甚毒。凡胞胎初下，率举以两手审视，女也，则以一手复而置于盆。问存否，曰不存。即坐索水，水至淋于盆，曳儿首倒入之，儿有健而跃且啼者，即力捺其首，儿辗转其间甚苦。母氏或汪然泪下，旁人亦皆掩袂惊走，不欲闻其声，而彼雍雍然自如也。有顷，儿无声，撩之不动，始置。起整衣，索酒食财货，扬扬而去。若此地无此稳婆，母氏既不能亲其事，旁人又孰敢下手。间有一二残忍者，然亦何至如此蔓延。且民间溺女不过彼时初生割慈断爱，拼于一举。若辗转半日，既闻其呱呱而泣之声，见其手足鼓舞之状，铁心石肠必有所恻隐。既抱举半日，则虽劝之溺亦不溺矣。是此邑溺女之事，主谋固由于父母，而下手实由于稳婆。且因有下手之稳婆，故益酿成主谋之父母。严禁溺女而不严禁稳婆，非剔本搜根之法也。[1]

道光《福建通志》引乾隆《邵武府志》记：

---

[1] 引自郑光策：《西霞文钞》，卷二，清嘉庆十年（1805）刻本。

贫家溺女之风尚未尽革。[1]

乾隆年间，鲁鼎梅在德化知县任上谓：

> 至于生下女儿，俱是自己骨肉，也是人身。乃无良之人，动辄淹死。访闻此风，不但穷人，即生监之家往往有之。[2]

嘉庆年间，房永清在邵武知县任上颁布《正俗条约》，其文略谓：

> 禁溺女，以全好生也。天地有阴阳，人生有男女，忍心溺女，上干天和。现经绅士请修育婴堂，甚属盛举。听民送进乳养，以全其生，庶几郑女贾男之遗风，至今未远。节妄费，以便嫁娶也。民间婚嫁，称家有无。富户结婚，无妨从厚，不应分外作佣，以坏风俗。奈穷檐小户亦效奢华，殊乖保家之道。且嫁女择佳婿，毋索重聘；娶媳求淑女，勿计厚奁。果能遵守成训，则贫富易于嫁娶，溺女之风可止，而贫民小户亦可婚娶成人，分外花费俱免矣。其有关于人心风俗匪浅也。[3]

嘉庆《云霄厅志》记：

> 俗多生女不举。盖闻故杀子孙，律禁森然。矧男女皆称为子，岂有十月怀胎，一朝离腹，并无罪愆，辄罗死法？乃恶习相沿，

---

[1][2] 转引自道光《福建通志》，卷五十五《风俗志》。

[3] 引自咸丰《邵武县志》，第534页，福建省邵武市地方志编纂委员会1986年7月整理本。

牢不可破，忍心害理，莫此为甚。[1]

民国《建宁县志》记：

> 女不负人，亦不累人，人亦何忍溺女，致伤天和而绝人道？然此风非法所能禁，必建育婴堂而为之所，则人弃人养之利兴，而我生我杀之惨息。嗣于嘉庆年间创设育婴堂，佣妇人乳养之。自此溺女之风始息，所望各保之仁人君子丞为普设之也。[2]

道光《建阳县志》记：

> 婚姻以资财为轻重，或至溺女伤骨肉之恩。[3]

道光《清流县志》记：

> 士侈民顽，嫁娶论财，以致溺女换妻，满街变乱黑白。[4]

道光年间，陈盛韶在古田知县任上记：

> 古田嫁女，上户费千余金，中户费数百金，下户百余金。往往典卖田宅，负债难偿。男家花烛满堂；女家呼索盈门。其奁维何？陈于堂者：三仙爵、双弦桌类是也。陈

---

[1] 引自嘉庆《云霄厅志》，第40页，福建省云霄县人大常委会2005年12月点校本。

[2] 引自民国《建宁县志》，第129页，福建省建宁县地方志编纂委员会2002年3月整理本。

[3] 引自道光《建阳县志》，第112页，福建省建阳县地方志编纂委员会1986年7月整理本。

[4] 引自道光《清流县志》，第85页，福州，福建人民出版社1992年6月版。

于室者：蝙蝠座、台湾箱类是也。饰于首者：珍珠环、玛瑙笄、白玉钗类是也。然则曷俭尔乎？曰："惧为乡党讪笑，且姑姊妹女子子勃溪之声，亦可畏也。"缘是不得已，甫生女即溺之。他邑溺女多属贫民，古田转属富民。然则曷与人为养媳乎？曰："女甫长成，知生父母，即逃归哭泣，许以盛查，肯为某家妇，不许，誓不为某家妇。"盖习俗之极重难返如此，婚礼不得其正，久而激成溺女之祸，可不思拔本塞源之道乎？[1]

又在诏安知县任上记：

其俗酷于溺女，鳏旷者多，……。[2]

道光《福建通志》引《大田县志》记：

生女间有溺之者，是则俗之敝也。[3]

民国《武平县志》记：

清咸、同间，洊遭兵燹，溺女之风甚炽。[4]

咸丰《邵武县志》记：

---

[1] 引自《蠡测汇钞·问俗录》，第69页，北京，书目文献出版社1986年6月版。

[2] 引自《蠡测汇钞·问俗录》，第87页，北京，书目文献出版社1986年6月版。

[3] 转引自道光《福建通志》，卷五十五《风俗志》。

[4] 引自民国《武平县志》，第393页，福建省武平县地方志编纂委员会1986年12月整理本。

贫家溺女之风尚未尽革。[1]

民国《平潭县志》记：

　　清同治八年，同知李煐莅任一载，痛潭民生女多溺死，出示严禁，犯者无赦。[2]

光绪年间，朱干隆在彰化知县任上记：

　　卑邑地方辽阔，民烟稠密，风俗□浇不一，而于溺女之风尤甚。[3]

《闽省会报》[4]（1889年三月初一日）记：

　　张君鹤号九皋，籍泉郡，迁省垣料理复利洋行，曩与李翁继雪友善。询及长邑（按，指长乐县）有溺女之习，遂动恻忍之心，于光绪二年丙子秋间解囊乐助，凡贫乏之家生女不能存养者，每月给以铜钱一千文为粮食糕饴之费，至四个月为满。至光绪四年冬间乃止，计活有女婴三百余人，计费铜钱一千三百串有奇。屈指于兹已十有三年，所救治之女婴及笄将可聘矣。

光绪年间，林琴南《闽中新乐府》收《水无情（痛溺女也）》诗云：

　　孰道水无情，无情能作断肠声？孰道水

---

[1] 引自咸丰《邵武县志》，第532页，福建省邵武市地方志编纂委员会1986年7月整理本。

[2] 引自民国《平潭县志》，第240页，福建省平潭县地方志编纂委员会1990年1月整理本。

[3] 引自朱干隆：《兼善集》，光绪八年（1882）"三山吴玉田镌字"本。

[4] 福州华美书局印。

有情，有情偏溺出胎婴！女儿原是赔钱货，安知不做门楣贺。脐上胞衣血尚殷，眼前咫尺鬼门关。阿爷心计忧盐米，苦无家业贻兄弟，再费钱财制嫁衣，诸男娶妇当何时。阿娘别有皱眉事，乳汁朝朝苦累伊，床上缝鞋袜，镜上梳头发，还要将来再费钱，何如下手此时先。一条银烛酸风裂，一盆清水澄心洁。此水何曾是洗儿，七分白沫三分血。此际爷娘心始安，从今不着一些难。所恨儿无口，魂儿不向娘亲剖。娘亦当年女子身，育娘长大伊何人？若论衣食妨兄弟，但乞生全愿食贫。岂知聋聩无头脑，一心只道生男好，杀女留男计自佳，也须仰首看苍昊！[1]

光绪《马巷厅志》录《马巷育婴堂碑记》记：

马巷溺女之风甚炽。[2]

清末《安平县杂记》记：

台南乡妇常有溺女事，一生女孩，翁姑不喜，气迫于心，而溺女于水。[3]

《福建白话报》第一年第二期（1904年8月15日出版）[4]载公孙《福建风俗改良论》第二编《论溺女》谓：

[1] 引自林琴南：《闽中新乐府》，光绪丁酉（1897）印本。
[2] 转引自何丙仲：《厦门碑志汇编》，第127页，北京，中国广播电视出版社2004年7月版。
[3] 引自佚名：《安平县杂记》，《台湾文献丛刊》，第52种，第16页。
[4] 书藏福建省档案馆。

我从前读《天下郡国利病书》共（与）《福建通志》的时候，见里头都载有一段说，福建溺女的风俗是顶普遍的。这个坏风俗大概别省没有，单是我们福建一省特别造成的。我看了这两部书，也不大去相信他。后来走到城外乡下，看见凡近水的地方，都有立个石碑，碑上刻着"永禁溺女"四个字，才晓得这件事是真的了。

附带言之，福州郊外塘边立石禁戒溺女，在上世纪三十年代还是常见的情形。李长年《女婴杀害与中国两性不均问题》（载《东方杂志》第32卷第11号，1935年）记：

据日本人口问题专家西山荣久之研究的结果，……溺女最多的地方，为福建、江西两省，其中尤以福州最为流行之所在，该地郊外池沼的旁边，竖有"禁溺女"的石碑。[1]

日人举办的福州东瀛学校校长野上英一的《福州考》（1938年出版）一书亦记：

在城门的入口及仓前山郊外，于前清时代立有严禁溺女之石碑，这即是严禁溺女之意。这并不在于"土风丰于嫁女"这一层，而在福州则基于养女为难这一点。此风现尚

○六二

---

[1] 转引自《守节、再嫁、缠足及其他》，第240-241页，西安，陕西人民出版社1990年9月版。

x

存于乡村,市中则已无。[1]

该书还附有"禁溺女之碑"照片一帧。

以上历史记录表明,清代福建连城、松溪、漳浦、泰宁、长泰、福清、德化、邵武、建宁、建阳、清流、古田、诏安、大田、武平、平潭、彰化、长乐、安平等各县及厦门城、漳州府、邵武府、福州府、云霄厅、马巷厅等各地之"百金之家"和"千金之家","缙绅之家"和"庶民之家","贫氓"和"富家","穷人"和"生监之家","贫民小户"和"富户","士"和"民","上户"、"中户"和"下户","贫民"和"富民",几乎各种人家、各色人等均涉及"溺女之事",情况是相当严重的。

二

溺女之风剥夺了无数女婴的生存权,并且威胁了所有女婴的生存权。

道光六年(1826),薛凝度在邵武知府任上撰《重修育婴堂记》,其文谓:

上帝本好生之德,前王宏保赤之仁,伊古以来,未之有易也。我朝顺治间,奉旨严禁溺女,雍正二年,谕建育婴堂,恩至渥也。邵武前县令张建堂于南市通衢,拨高阳寺产以充乳膳,婴儿全活者众。厥后经胥玩

---

[1] 引自徐吾行译《〈福州考〉中文译稿》(手写本),稿存福建师范大学图书馆;《福州考》一书,福建师范大学图书馆亦有藏本。

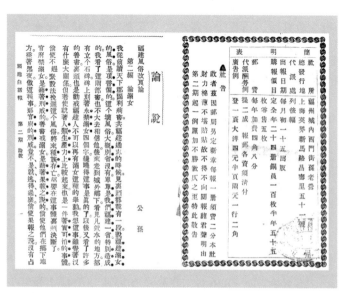

《福建白话报》剪影

法，废弛至于今。本署府初临郡治，采访舆情，提核堂中公存遗产并旧日条规，举而责成诸绅士，冀其尽力经营，开诚抚育，以共襄厥事。

呜呼！父子天性，男女何分？至忍心而溺之，真禽兽不若也！抑亦教养未周与？不有人焉，维持而补救之，人道或几乎息矣。爰是茸其庐宇，酌其章程，俾乳哺有资，生息有藉，拯赤子于陷溺之中，牖愚民以知觉之性，体天心而遵国宪，此宇宙所以长存，人心所以不死也。至乐善好施，仗义题捐，推广仁术，俾城乡胥忠厚之风，子女馨全生之福，是在诸绅士遍为尔德矣，本署府有厚望焉！[1]

清代顺治帝颁旨严禁溺女，雍正帝下谕建堂育婴，这表明清代官方对溺女问题的关注及其遏制溺女之风、维护女婴生存权的主要措施。

清代福建地方文献也记有官方"出示严禁"，晓以"故杀子孙，律禁森然"、"天道昭昭，必有以报之"之理的事例，以及"此风非法所能禁，必建育婴堂而为之所"的综合治理的理念和"董行育婴"的实践。

例如，乾隆年间福建官方颁布《严禁溺女谕》，

---

[1]　引自咸丰《邵武县志》，第86页，福建省邵武市地方志编纂委员会1986年7月整理本。

以"治罪明文"和"冥报"之理晓示"所属军民人等",其文曰:

乾隆二十四年□月□日,奉前巡抚部院吴宪示:照得天地以好生为德,父母以慈爱为本,故杀子孙,律有治罪明文。救人一命,胜造七级浮屠。今人乍见孺子将入于井,皆有怵惕恻隐之心。乃以亲生之女,无端溺毙,何以全无恻隐之心?试观牛虽蠢而犹知舐犊,虎虽猛而未尝食子。人为万物之灵,具有天良,忍心溺女,真禽兽之不如矣。况溺女冥报最为酷烈,而育女者未必不如生男。如缇萦之请赎父罪,木兰之代父从征,古来孝女,指不胜屈。故曰生男勿喜,生女勿悲。尔民何苦忍心为此?或谓嫁女奁赠需费,不知荆钗裙布,遗范可师,正无庸多费也。合行晓示。为此,示仰所属军民人等一体知悉,嗣后尔民当互相劝诫,凡嫁女者各崇俭德,不得以珠翠绮罗夸耀乡里,并永戒溺女恶习。尔等无子之人,果能誓不溺女,自能一索得男,螽斯衍庆。倘不遵禁令,仍有溺女者,许邻佑亲族人等首报,将溺女之人照故杀子孙律治罪。如系奴婢动手者,即照谋杀家长期亲律治以死罪。如系稳婆致死者,即照谋杀人为从律拟绞。其邻佑亲族人等,知情不首报者,照知情谋害他人不即阻当首告律治罪。各官凛遵毋违等因。[1]

又颁布《育婴堂条规》，要求全省"凡有育婴堂之处，一体饬行，实心经理，毋稍懈忽废弛，虚应故事，致干察究"。[2]

我注意到，乾隆年间以"福建省例"即省级规范性文件颁布的《育婴条规》规定：

> 堂内各孩，年过十二岁，即宜自食其力，不得长养在堂，糜费钱粮也。设堂本意，原以保全殇天。今既起死全生，年过十二岁，若仍归在堂长养，不惟糜费钱粮，且至渐成游手好闲之徒。其有人领为子女儿媳，任其具呈承领。[3]

此一规定暗示官方对民间领养苗媳的听任态度："童养"作为同"育婴"相接续的环节，可减轻育婴堂的经济负担。

在民间，童养婚俗参与维护女婴的生存权早有记录。《政和县志》所记"昔多溺女，自韦斋先生重戒后，俗渐革。有贴钱帛与人抱养媳者"，即其例也。

道光四年（1824）起历任福建建阳、古田、仙游、诏安各县知县和邵军厅、鹿港厅同知的陈盛韶记古田的溺女之风时有"然则曷与人为养媳乎"之语，透露其"劝抚苗媳"之意；论及诏安的溺女之风及其

---

[1] 引自《福建省例》，《台湾文献丛刊》，第199种，第471-472页。

[2] 引自《福建省例》，《台湾文献丛刊》，第199种，第473页。

[3] 引自《福建省例》，《台湾文献丛刊》，第199种，第476页。

清代福建的溺女之风与童养婚俗

〇六七

引发的人口性别比失调等社会问题时，则公然将"劝抚苗媳"同"严禁溺女"、"董行育婴"并列：

> 小人老而无子，弱女及筓赘一婿，以尽余年，情也。诏安买女赘婿，孀妇赘男，以承禋祀，守丘墓，分守家业，仰事俯畜，无异所生。族中人亦不以乱宗为嫌。于是有约定初生之男从妻族，再生之男从夫族者。有生从妻姓，没从夫姓者。更有恋其妻，贪其产，直忘所本来者。倘窃妻而逃，不顾赘父母之养，即讼端起焉。夫随嫁儿得以承宗，鬻义子得以入祠，吕嬴牛马，诏安氏族之实已不可考矣。何赘法复滥若此？盖其俗酷于溺女，鳏旷者多，少壮喜于有室，遂不计厥宗耳。昔孔子射于瞿相之圃，为人后者不入，所以重廉耻也。《春秋》之法，鬼神非其族类不歆其祀，重一本也。例载：异姓不准承祧。而执此以治诏安之民，令必不行；惟仿义男女婿酌分之律变而通之，更为严禁溺女，董行育婴，劝抚苗媳。怨女旷夫久而渐少，俗亦将变焉。[1]

陈盛韶于道光八年至十一年（1828 1831）在诏安知县任上"设寄乳法苗媳一条"即于育婴堂之"寄乳法"增设"劝抚苗媳"的条款，并记童养婚俗参与

---

[1] 引自《蠡测汇钞·问俗录》，第86-87页，北京，书目文献出版社1986年6月版。

维护女婴生存权的实效云：

> 诏安中户娶妻聘近百金，下户五六十
> 金，其余礼物不资，嫁者奁资如之，故嫁娶
> 均难。嫁者难，斯养女少；娶者难，斯鳏夫
> 多。义男承祧，赘妇招夫、产子继嗣，其敝
> 俗皆根于此。即无室家之匪民，掳抢械斗，
> 喜于从乱，亦根于此。邑设寄乳法苗媳一
> 条，仿周官省礼多婚之政变而通之，可以济
> 婚礼之穷。窭人抚女七八年能执长箕帚，又
> 七八年能为人妇为人母，无嫁娶之艰，有妇
> 子之乐。且寄乳者月给钱五百，寒有衣帽，
> 疾有药饵。抱女之媒有赏，溺女之母有罪。
> 民何惮而不为此。余于诏安二十七月中，乳
> 女千二百余，而去任时，乳妇匍匐道左，依
> 依不舍也。为政之道，顺而治之则易，逆而
> 强之则难，寄乳一法，顺故也。[1]

咸丰三年（1852），周揆源在邵武知府任上制定
《育婴堂规条》，其中规定：

> 小儿年半可以弃乳，如无人抱养出堂，
> 仍每月帮给钱五百文。有抱为养女养媳者，
> 或其父母后能养赡，情愿领回者，并听薄内
> 开除；唯不准领作婢女，责成地保具结备

---

[1] 引自《蠡测汇钞·问俗录》，第83页，北京，书目文献出版社
1986年6月版。

查。[1]

道光二十八年（1848），《金门育婴堂规条》亦规定：

> 远近居家，愿领为义女、苗媳者，准具领字，托端正有家身之人及殷实店铺取保，亲到育婴堂报明里居姓氏。若欲为媳，声明配合伊男姓名，年几岁，登账存查。堂中给公照付执，以当婚帖。不取身价，并给随身衣裙。领去后，如有转卖及作婢者，查出禀究。

> 领取女婴养为苗媳者，配合诸事有本堂分照为凭。本生父母不得干预争执，以杜串诈诸弊。惟婴女长成，本生母子要相认者，许其到局查明姓氏里居。

> 生女之家，苟不能割爱仍愿领回自养者，听之。若已被人领作义女、苗媳，不许给还。

> 媒婆人等能将局养女孩说合与人领作女、媳者，每一口赏钱一百文。

> ……

> 婴女如有未经领取者，限至八岁，即为央媒择配。[2]

---

[1] 引自咸丰《邵武县志》，第87页，福建省邵武市地方志编纂委员会1986年7月整理本。

[2] 引自《金门志》，《台湾文献丛刊》，第80种，第71页。

光绪十九年（1893），《马巷育婴堂规条》谓：

> 本堂育婴经费，并无置有业产，亦无捐
> 集巨款，发商生息，仅借巷辖妇女机杼余
> 厘，是以不克久育。议定每婴每月给钱四百
> 文，四个月限满，将牌追销，停止给发。非
> 谓四月婴孩可以不乳而活，惟巷辖习俗，抱
> 媳居多，是保婴四月以后，有人抱作养媳，
> 亦因俗成风、随地制宜之一法也。[1]

黄宗智教授《法典、习俗与司法实践：清代与民
国的比较》一书指出：

> 法典本身从来没有正式承认这一习俗
> （按，指童养婚俗），但在有清一代刑部承
> 认并容忍了它，因而使其具有些少的合法
> 性。用刑部道光二年（1822）处理一件案子
> 时的话说，"民间于未成婚之先，将女送至
> 夫家，名曰童养，自系女家衣食缺乏，不能
> 养赡，不得已为此权宜计，所以法令不禁，
> 听从民便"。[2]

我在上文摘录的，以及我所见的清代福建各地的
育婴堂"条规"或"规条"一类历史文件，有"劝
抚苗媳"之明确规定的均出于道光朝以后（含道光
朝），此一情况或可印证黄宗智教授的论述。

---

[1] 转引自何丙仲：《厦门碑志汇编》，第128页，北京，中国广播
    电视出版社2004年7月版。

[2] 引自黄宗智：《法典、习俗与司法实践：清代与民国的比较》，
    第151页，上海书店出版社2003年2月版。

清代福建诗人林鹤年（1847—1901），有《山妇（山中多畜苗媳）》诗记福建安溪的童养婚俗，诗曰：

> 不栽陌上桑，只采山中茶。君为浮萍草，妾作女贞花。十五为人妇，十三学当家。城中有女儿，两鬟才髻丫。[1]

是诗明白如话，记苗媳的生存状况：在家采茶为业，丈夫出外谋生，十三岁接受操持家务的训练，十五岁成为人妇，有女儿在城里（安溪县城亦在山中）亦是苗媳，年届又一轮"十五为人妇，十三学当家"经历的发动期（"髻丫"是古代少女的一种对称发型，即在头的两侧各挽一个对称的发髻，发髻是女子成年的标志）[2]。全诗丝毫不涉及母、女两代苗媳自幼丧失婚姻自主权的苦楚（其时的社会其他成员亦无婚姻自主权），只告诉读者：苗媳毕竟取得生存权而活着。

总而观之、总而言之，清代福建溺女之风强盛，"严禁溺女"、"董行育婴"和"劝抚苗媳"是清代官方遏制溺女之风、维护女婴生存权的主要措施；"童养"和"育婴"相配套，亦是救济女婴的"因风成俗，随地制宜之一法"，清代官方"法令不禁，听从民便"；然而，当童养婚俗参与维护女婴的生存权

---

[1] 引自林鹤年：《福雅堂诗抄》，1916年再版本。

[2] 参见王维玲、王定祥：《中国古代妇女化妆》，第104-105页，西安，陕西人民出版社1991年2月版。

时，预先（而不待其年届婚龄）剥夺了女婴的婚姻自主权，童养婚俗亦是侵犯女权的陋俗。

2006年11月25日

第肆章

第肆章

标题	提要	关键词
从闽南方言俗语看闽、台婚姻旧俗 ——《闽南话漳腔辞典》札记	本文认为，《闽南话漳腔辞典》（中华书局2007年版）是方言志、亦是民俗志著作；『以风俗解释方言，即以方言表现风俗』是方言学、亦是民俗学之道。本文从《闽南话漳腔辞典》收录的闽南方言俗语及其释义部分举例取证，描述或补述闽、台婚姻旧俗之若干情节，说明和证明闽、台两地民俗文化的共同性。	《闽南话漳腔辞典》 方言俗语 婚姻旧俗 闽、台两地 共同性

陈正统先生在其主编的《闽南话漳腔辞典》（中华书局2007年版）之前言里指出：

> 本辞典尤其注意收集一定数量的具有漳州特点的民俗词语，目的在于保存民俗文化资料。对部分婚丧喜庆、年节祭祀习俗词语的释义较详，如围炉、上头、请水、牵亡、筶公爷街、新妇仔（童养媳）等，这些词语来自民间，反映的是社会大众日常生活场景。[1]

在我看来，这里指出的乃是《闽南话漳腔辞典》的特点和优点。

顾颉刚教授尝谓：

> 以风俗解释方言，即以方言表现风俗，这是民俗学中新创的风格，我深信其必有伟大的进展。[2]

《闽南话漳腔辞典》的编者颇留心于方言学亦是民俗学的"以风俗解释方言，即以方言表现风俗"之道。因此，《闽南话漳腔辞典》是方言志、亦是民俗志著作。

本文拟从《闽南话漳腔辞典》收录的闽南方言俗语及其释义部分取证，描述或补述闽、台两地之居丧嫁娶、招婚赘婿、典卖其妻、童媳圆房和拜神求子等

---

[1] 引自陈正统主编：《闽南话漳腔辞典》，第4页，北京，中华书局2007年1月版。

[2] 转引自朱介凡《中国谣俗论丛》，第24页，台北，联经出版事业公司1984年6月版。

婚姻旧俗之若干情节，说明和证明闽、台两地民俗文化的共同性。

一

居丧嫁娶又称丧娶（丧婚），指居父母丧而擅自嫁娶。

居丧嫁娶曾是一种法定罪名。《唐律》认定居丧嫁娶为"不孝"，是"十恶罪"之一[1]；《大清律例·户律·婚姻》有"居父母丧而擅自嫁娶者，杖一百，并离异"的明确规定。[2]

民国时期，居丧嫁娶也经常遭到"灭礼犯律"、"忍心害理"一类批评。

民国《平潭县志》记：

> 村俗有父母舅姑之丧未除，遂为子女婚嫁者，灭礼犯律，最宜切戒。至有人子乘丧而娶者，禽兽之行尤不足责也。[3]

民国《同安县志》于"丧婚"条下记：

> 因婚期已定，突遭丧事，不能得时，遂乘丧而嫁娶者，忍心害理，不可为训。[4]

---

[1] 参见杨金鼎主编：《中国文化史词典》，第133页，杭州，浙江古籍出版社1987年8月版。

[2] 引自《大清律例》卷十《户律·婚姻》，第219页，天津，天津古籍出版社1993年版。

[3] 引自民国《平潭县志》第224页，福建省平潭县县志编纂委员会1990年1月整理本。

[4] 引自民国《同安县志》，卷之二十二，1929年印本。

从闽南方言俗语看闽、台婚姻旧俗

〇七七

然而，民间认为，居丧嫁娶之俗合于"遭父母丧者，百日内可以完娶"之民间习惯法。

前南京国民政府司法行政部《中国民商事习惯调查报告录》于"居丧百日内完娶"条下记：

> 闽清，遭父母丧者，百日内可以完娶，孝男结采，亲友庆贺如常，婚礼毕，新郎即换孝服，满月后，新妇亦然，已愈百日，则不得完娶。[1]

近年所见闽、台两地有关丧娶（丧婚）的民俗志报告亦多基于客观立场，记其情节、亦记其为丧娶（丧婚）辩解的说法。

例如，台湾省南投县文献委员会编印的《南投县婚丧礼俗》（1972）记：

> 家有丧事，例如父母亡故或祖父母亡故时，按习俗在居丧期间可令其子孙成婚，但是仅限于做百日祭仪之前的居丧期间，做完百日祭仪之后却不得令其子孙举行婚礼。亦即可在百日祭内成婚，不可在百日祭后成婚，这种居丧百日祭（忌或期）内成婚者俗称之为"百日娶"或"乘孝娶"。

居丧期而仍论婚嫁的风俗，归其原因大致可以分为数点，即：

第一，由于俗信一个人上寿或年龄很大

---

[1] 引自南京国民政府司法行政部：《中国民商事习惯调查报告录》，第937页，北京，中国政法大学出版社2000年1月版。

才死亡时，家人固然为其哀伤，但亦认为有此长寿也该庆幸。……那么如果家中有了某一子孙在死者亡故之前就已订了婚约，则在这个时候将此订过婚约的子孙媳妇娶过门来，那末未尝不是可以告慰死者在天之灵，而也可以说是一种转哀为喜之事。

第二，按古俗认为一个人亡故之后，其参加送葬的子孙、曾孙、玄孙等之人数以其代数越多对死者及丧家而言就越显得光荣。……那么在这个时候，使子孙提早完婚，则在家中可以马上增添人数，同时更可望一两年后添丁增代，亦可算是一举数得。

第三，……一个人的死亡不仅带给了家人的哀伤，同时也损失了一个人力。如果能够在这个时候娶进媳妇，正好可以藉之补充。

第四，……在因丧而嫁娶的情况之下，……男女两方都可以节省不少费用。

上面所举的数点原因，前两点可以说是由此而可以提高丧家社会地位，后两点则男方既可增加人工，男女双方又减少因结婚而花费的经济负担，因而这种因丧嫁娶就成为民间相当普遍通行的礼俗了。[1]

---

[1] 引自《南投县婚丧礼俗》（《南投文献丛辑》第19辑），第34-35页，台湾省南投县文献委员会1972年版。

《闽南话漳腔辞典》亦有相同的相关报告：

1．"遏孝"："漳州旧俗，订婚之后如果有一方的父母去世，为了不因守三年丧而耽误婚期，同时也为了多一个丧属，增加丧事的排场，往往先秘不发丧，让已订婚的男女匆匆完婚后再公开正式办丧事。"[1]

2．"孝内亲"（"孝内炁"、"哭内亲"、"顺孝炁"）："当地旧俗，父母去世的百日内（一说下葬前）将已订婚的新娘提前迎娶过门，以便下葬时多一个孝妇送葬。"[2]

3．"火盆红"（同"遏孝"）："寓意红白事一起办，由本地丧礼中有'打火盆'之俗而得名。"[3]

4．"借亲情"："遭丧之家将已婚而未成婚的儿媳提前迎娶进门，参与治丧。"[4]

二

关于招赘婚生子女的从夫姓、从妻姓的分配问题，历来有"抽猪母税"之说。《南投县婚丧礼俗》

---

[1] 引自陈正统主编：《闽南话漳腔辞典》，第18页，北京，中华书局2007年1月版。

[2] 引自陈正统主编：《闽南话漳腔辞典》，第284页，北京，中华书局2007年1月版。

[3] 引自陈正统主编：《闽南话漳腔辞典》，第344页，北京，中华书局2007年1月版。

[4] 引自陈正统主编：《闽南话漳腔辞典》，第572页，北京，中华书局2007年1月版。

记：

> （随妻居的赘婿）其子中至少一人即长子仍然姓妻姓外，其余的子女均姓赘婿之姓。而招入□（娶）出的赘婿自己无须改其姓氏，但亦至少其长子亦需与其妻同姓，其余的子女才姓自己之姓。此种因入赘所生的子女与妻同姓者俗称为"抽猪母税"。

> 据云抽猪母税的来由乃因古时有人将自己的小母猪免费送他人饲养，或以大的母猪借他人饲养，直至此母猪生产小猪时则可向饲养的借方要回原已讲明的小猪头数，以抽回小猪作为送人或借人母猪的代价。[1]

《闽南话漳腔辞典》亦在"抽猪母税"条下记：

> 一种本地的民俗，招赘女婿所生的第一个儿子必须姓女方的姓，其余子女的姓可协商解决。[2]

《闽南话漳腔辞典》收录的"讨鸡母税"及其释义则报告了另一种情况："婚后所生的儿子必须有一个姓女方的姓"而不是"所生的第一个儿子必须姓女方的姓"。《闽南话漳腔辞典》于"讨鸡母税"条下记：

---

[1] 引自《南投县婚丧礼俗》（《南投文献丛辑》第19辑）第28页，台湾省南投文献委员会1972年版。

[2] 引自陈正统主编：《闽南话漳腔辞典》，第520页，北京，中华书局2007年1月版。

一种当地的民俗，上门女婿结婚前商定婚后所生的儿子必须有一个姓女方的姓。[1]

"讨鸡母税"及其释义，显然是招赘婚俗研究的新证。

我曾报告过闽、台两地招赘婚俗里替媳妇招婚的特例（包括"买女赘婿"和按照"子死媳在，媳妇可以招夫"而行之的招婚）。于此又得补证二条：

1.《闽南话漳腔辞典》于"新妇仔大家"条下记：

因种种原因家中的童养媳未与自己的儿子结婚，遂招赘一个男子与童养媳结婚，该男子就算是自己的儿子，养母就变为该童养媳的"新妇仔大家"（按，"大家"即婆婆。）[2]

2.《闽南话漳腔辞典》于"新妇仔后生"条下记：

因种种原因家中的童养媳未与自己的儿子结婚，遂招赘一个男子与童养媳结婚，该男子就算是自己的儿子，该男子就成为"新妇仔后生"（按，"后生"即儿子。）[3]

[1] 引自陈正统主编：《闽南话漳腔辞典》，第521页，北京，中华书局2007年1月版。

[2][3] 引自陈正统主编：《闽南话漳腔辞典》，第481页，北京，中华书局2007年1月版。

三

关于典妻婚俗，《闽南话漳腔辞典》于"卖某困厅边"条下记：

> 旧时典妻的一种情况，在落后的穷乡僻壤，有的受典者自己也没有能容纳租来的妻子的住处，那就只能将她留在原夫处，平时与原夫共同生活，但必须与上门而来的出资者同居，待到典租者入室，正夫自动避位。[1]

又于"卖某做大舅"条下记：

> 指典妻的陋俗，旧时漳州典租妻多因家境不堪维持，以典租所得之钱求医、还债或糊口。还有因残疾被迫出租妻子，由租用妻子的男人养家糊口，所生子女分属两个丈夫名下。亦有极少数赌棍、懒汉以典妻偿还赌债。受典者则因无力娶妻、续弦或纳妾而借典租他人之妻来传宗接代，总之租典双方都是因贫困所迫。[2]

这里所记"与原夫共同生活"、"与上门而来的出资者同居"、"所生子女分属两个丈夫名下"，实际上是本夫和典夫共有一妻的合妻现象。此种合妻现

从闽南方言俗语看闽、台婚姻旧俗

---

[1][2] 引自陈正统主编：《闽南话漳腔辞典》，第66页，北京，中华书局2007年1月版。

象的发生，乃因"有的受典者自己也没有能容纳租来的妻子的住处"，是典妻陋俗派生出来的合妻现象。

关于童媳圆房，《闽南话漳腔辞典》于"二九老"条下记：

> 旧时贫寒之家无力负担聘金与婚礼的费用，便预先抱养童养媳，待其成年后就在除夕之夜备十二碗糯米甜圆子圆房成婚，不用祭祖，不必宴客，也没有看新娘、闹洞房的，也无需礼金、妆奁的往来，父母只对双方说："从今晚起，你们两人睡在一块。"双方若不拒绝，房门一关就成了夫妻，开始生儿育女。俗谚云："无时无候二九老"，故称"二九老"。[1]

又于"掠猫仔"条下记：

> 童养媳与儿子正式成婚，一般不举行婚礼，只挑个日子（多在大年夜）由父母安排其同房，就像将两只猫关在一起似的。[2]

又于"捂做垺（捂做伙）"条下记：

> 童养媳与儿子正式成婚，一般不举行婚礼，只挑个日子（多在大年夜）由父母安排

[1] 引自陈正统主编：《闽南话漳腔辞典》，第594页，北京，中华书局2007年1月版。

[2] 引自陈正统主编：《闽南话漳腔辞典》，第390页，北京，中华书局2007年1月版。

其同房。[1]

又于"挈挈倚去（拾密、拾做位、另房岫、操做垾、操做一伙）"条下注："同捂做垾"[2]

这里有两点说明。

1. "掠猫仔"、"捂做垾"、"捂做伙""挈挈倚去"、"拾密"、"拾做位"、"另房岫"、"操做垾"、"操做一伙"是福建平和、东山、长泰、诏安等各地对童媳圆房的说法，与吴瀛涛《台湾民俗》所记"堆做堆"[3]语近而义同。

2. "二九老"亦是童媳圆房的一种说法，从圆房的时间（除夕夜）取义。（除夕夜）"俗称廿九暝或卅暝，盖腊月有月小廿九日，亦有月大卅日之别也。"[4]至于"无时无候二九老"之谚，"是因除夕系在十二月廿四日的送神之后，此时神已升天不在，就利用神不在的时期结婚，免得择日等诸仪式的麻烦"。[5]

关于拜神求子之俗，《闽南话漳腔辞典》亦有所

---

[1] 引自陈正统主编：《闽南话漳腔辞典》，第430页，北京，中华书局2007年1月版。

[2] 引自陈正统主编：《闽南话漳腔辞典》，第454页，北京，中华书局2007年1月版。

[3] 吴瀛涛：《台湾民俗》，第35页，台湾众文图书股份有限公司1984年1月版。

[4] 吴瀛涛：《台湾民俗》，第33-34页，台湾众文图书股份有限公司1984年1月版。

[5] 吴瀛涛：《台湾民俗》，第35-36页，台湾众文图书股份有限公司1984年1月版。

报告，略谓：

> "求孩儿仔"：求子的婆媳备牲醴、香烛，放在"红桶盘"（漆成红色的宽面桶）内，一起到供有注生娘娘的庙中去敬拜、许愿。庙中备有泥塑的孩童偶像，称为"孩儿仔"。祭拜之后婆婆以卜杯珓的方式向庙里乞一"孩儿仔"，再用红纸包些香炉中的灰烬，一起放在"红桶盘"内，对泥偶说："来，缀阿妈转来去（跟祖母回家去）。"让儿媳捧着红桶盘和她一起头也不回地回家。到家后将泥偶放到新娘房内的桌上，将香炉灰放入未育的媳妇的枕头内。"孩儿仔"制作精美，俗信新娘经常看着这一泥偶有助于生一个漂亮的婴儿。求得"孩儿仔"后若如愿生子，必须到专门制售"孩儿仔"的店里去买数个"孩儿仔"奉还注生娘娘的庙，奉还的数目为3至99个。[1]

注生娘娘是闽、台两地的妇婴保护神，吴瀛涛《台湾民俗》亦记有妇女"参拜注生娘娘"以"求生子"[2]的情节。

附带言之。和注生娘娘一样，临水夫人亦是闽、台两地的妇婴保护神，但注生娘娘的"诞辰"是三月

---

[1] 引自陈正统主编：《闽南话漳腔辞典》，第249页，北京，中华书局2007年1月版。

[2] 吴瀛涛：《台湾民俗》，第11页，台湾众文图书股份有限公司1984年1月版。

二十日，临水夫人的"诞辰"为正月十五日。近年常见有民俗学著作将两者混同为一，《闽南话漳腔辞典》修订再版时或可增收有关注生娘娘的词条以辨其误。

2007年4月8日中午写成

从闽南方言俗语看闽、台婚姻旧俗

第伍章

第伍章

关键词	提要	标题
闽台 冥婚 中国妇女史研究	本文以录自福建（包括台湾）方志和谱牒的明、清、民国时期之冥婚案例为据，就迁葬与归葬、嫁殇和嫁于殇而言之，描述和论述闽、台冥婚旧俗之种种情况：尸归夫家、身死夫家而葬之，上门守贞、望门守贞，从安排死者联姻到包办生者与死者缔婚，以及合丧、苗媳守贞、过门待嫁而嫁于殇、延婿入赘而嫁于殇、夫家移柩从于女而合葬等特殊事例。本文认为，归葬和嫁于殇专以未婚女性的性命和幸福为牺牲，是冥婚旧俗极端劣质化的产物。	闽台冥婚旧俗之研究

《周礼郑注》曰:

> 禁迁葬者与嫁殇者(迁葬谓生时非夫
> 妇,死既葬,迁之使相从也。殇十九以下,
> 未嫁而死者,不以礼相接,死而合之,是亦
> 乱人伦者也。郑司农云:嫁殇者谓嫁死人
> 也。今时娶会是也)。[1]

据此可知,冥婚作为一种古老的陋俗,其行、禁
和违禁而行的历史过程始于周代或周代以前;据此又
可知,迁葬("生时非夫妇,死既葬,迁之使相从
也")和嫁殇("嫁死人也",嫁"未嫁而死者"
也)是其早期的基本类型。

现在来看早期的冥婚案例:曹操为"爱子仓舒"
(曹冲)安排的冥婚。

《魏志》记:

> (邴)原女早亡。时太祖爱子仓舒亦
> 殁,太祖欲求合葬,原辞曰:"合葬非礼
> 也,原之所以自容于明公,公之所以待原
> 者,以能守训典而不易也。若听明公之命,
> 则是凡庸也。明公焉以为哉?"太祖乃
> 止。[2]

---

[1] 引自《周礼郑注》,光绪二十二年(1896)新化三味堂刊本,福
    建图书馆藏。
[2] 引自《二十五史》,第2册,第42页,上海古籍出版社、上海书
    店1986年12月版。

又记：

> 邓哀王冲字仓舒，……年十三，建安
> 十三年疾病，太祖亲为请命，及亡，哀
> 甚。……为聘甄氏亡女与合葬。[1]

上记拟议而止的"原女早亡"、"欲求合葬"的
计划和"聘甄氏亡女与合葬"的事实，均属于为未婚
男、女死者安排的联姻，并未涉及未婚女性生者的性
命和幸福。

然而，最迟肇始于明代、至少发生于闽台，归葬
渐盛于迁葬、嫁于殇亦渐盛于嫁殇，为生者与死者包
办缔婚亦盛于为死者联姻矣。归葬和嫁于殇乃是冥婚
旧俗极端劣质化的产物。

下文拟以录自福建（包括台湾）方志和谱牒之冥
婚案例为据，就迁葬与归葬、嫁殇和嫁于殇而言之，
描述和论述闽、台两地历史上的冥婚旧俗之种种情
况：尸归夫家、身死夫家而葬之、上门守贞、望门守
贞，从安排死者联姻到包办生者与死者缔婚，以及合
丧、苗媳守贞、过门待嫁而嫁于殇、延婿入赘而嫁于
殇、夫家移枢从于女而合葬等。

二

《崇武所城志》记：

---

[1] 引自《二十五史》，第2册，第70页，上海古籍出版社、上海书
店1986年12月版。

林细娘，庵边林毓之少女，庠生奇材之姐也。女警慧端谨，寡言笑，家居阛阓，里媪罕见面。许聘于李正崑之子长。及笄将娶，以端午日竞斗于江口之港，长溺于水，讣传其家，烈女之父母泣，女亦泣。……自是独居一室，晡时登小楼望夫溺处，父母迫之嫁，其骂詈非一。女度不得行其志，遂入室更衣履，取帛自缢。时万历七年十一月十一日，女方年十九。远近闻者咸悲之，缙绅士大夫皆有传。

后十余年，罗封人来知是邦，归烈女于李氏之邱而合窆焉，上其事于两台而旌之。[1]

这里所记乃是发生于明代福建崇武的冥婚案例：男女双方生前有约而未婚，死既葬，官府迁之使相从。然而，此一案例已不同于早期的迁葬，它涉及了女性的生存和幸福：事主林细娘在未婚夫械斗而死后自尽以殉。

与此相近的未婚妻闻讣自尽以求合葬（或附葬）的案例，可称为"归葬"。

归葬大致可以分为两类。

1．尸归夫家而葬之。

乾隆《晋江县志》记：

[1] 引自《惠安政书》附录《崇武所城志》，第47-48页，福州，福建人民出版社1987年9月版。

王氏，林汝楚未婚妻，裕曾女，名樟娘。汝楚殁，绝粒一日，闭户自经，年方十七。夫家迎柩合葬。[1]

又记：

庄氏，林仰烈未婚妻。名完娘，许配林仰烈。殁，女闻讣，号哭不食，从容自缢。舅家迎柩合葬。知府刘侃给匾旌之。[2]

乾隆《古田县志》记：

魏氏，名琼姑，郑世献未婚妻。世献死，氏自缢，尸归郑家，两尸相向，各鲜血从鼻孔出。初氏父坦，庠生，善筮，求婚者辄以筮不从而弗谐。至与郑议婚，筮得咸卦，以为吉，许逑郑。迨女殉夫死，父咎其筮之不神。噫！琼姑不当配他人，止当配天夫以成其名，筮早知之矣，岂得谓不神哉？氏屋之西偏路旁有井，村中人得举得第，则井先沸而鸣。康熙间，无声久矣，至雍正十年六月鸣，七月鸣，十一月又鸣，人拟氏父必获举，孰知足年只生一氏，而一作烈女，以证其祥也。然则烈女实由一村之正气所生，其可轻乎？乾隆十七年旌表。[3]

---

[1] 引自乾隆《晋江县志》第522页，上海辞书出版社2006年9月版。

[2] 引自乾隆《晋江县志》第521页，上海辞书出版社2006年9月版。

[3] 引自乾隆《古田县志》，第378页，福建省古田县地方志编纂委员会办公室1987年12月整理本。

乾隆《福宁府志》记：

> 林聚姑，陈芳名妻，未婚，年十九闻芳讣，更服欲往夫家，父母不可。日夜悲号，适闻议婚，遂自缢。次日，舅迎其尸至家殓殡，与芳名合葬焉。[1]

嘉庆《云霄厅志》记：

> 陈葳娘，进士何子祥子孙中未婚妻也。孙中夭殁，氏闻讣哀痛。欲赴夫家守节。屡嘱代请，翁姑未之许也。不胜悲恋，最后闻有别婚之议，痛詈之，服毒而死，年二十一。夫家怜之，为立嗣，迎其柩，与夫合葬焉。[2]

嘉庆《福鼎县志》记：

> 林正干妻朱玉娘，未婚，干没，氏欲奔丧，父母不许。由是足不下楼，闭户饮泣年余。有求婚者，氏闻，自缢死。林家哀其节，请归榇焉。[3]

道光《漳平县志》记：

> 贞女闺姑，刘魁女也。十龄失恃，事继母以孝闻。年十六，字陈少韩，而少韩以血

[1] 引自乾隆《福宁府志》，第922页，福建省宁德地区地方志编纂委员会1990年12月整理本。

[2] 引自嘉庆《云霄厅志》，第176页，福建省云霄县人大常委会2005年12月点校本。

[3] 引自嘉庆《福鼎县志》，第231页，福建省福鼎县地方志编纂委员会1988年5月整理本。

疾死。讣至，女欲奔丧守志，父母难之，遂绝饮食。又明日，投缳以殉。雍正三年重九后二日也。陈氏异棺与少韩同窆。明年请旌祀节孝祠。[1]

光绪《漳浦续志》记：

李氏，知安邱县先开女也。年十四，许字赵若双。越四载，未婚而夫死，女毁妆素服。及期，母将改字，女泣谓嫂曰："余夫不幸夭折，万无再配理。"数日后竟自经，夫家迎柩，与夫合葬焉。[2]

民国《平潭县志》记：

薛静宋，南澳区渔塘仔村人。幼许聘庄上区厝场仔村林祖仲。年十六，闻祖仲病卒，慨然缢以殉。时乾隆癸丑十一月二十二日。夫家义之，异归合葬。[3]

2．身死夫家而葬之。

乾隆《福州府志》记：

刘坤宋，许字林士悦。闻士悦卒，女恸绝，辄破所照镜奔丧，抵林氏，见夫尸，抚膺哀号，徐收泪问姑，曰："妇于归何室

---

[1] 引自道光《漳平县志》，第267页，福建省漳平县地方志编纂委员会2002年5月整理本。

[2] 引自《漳浦县志》，第534页，福建省漳浦县政协文史资料征集研究室委员会2004年12月整理本。

[3] 引自民国《平潭县志》，第282页，福建省平潭县地方志编纂委员会1990年1月整理本。

也？"姑指其处，女既入室就缢，与士悦从殓焉。[1]

乾隆《福清县志》记：

> 陈琼使，永宾里陈惠卿女，幼失母，事继母如其母。卜婚于南上隅奕超男名世。一夕梦镜破，心疑为不祥。未数夕，又梦人驰剌至，则十九日讣也。名世果以七月是日讣于陈，悉如梦中状。女哀号几绝，告于父曰："儿虽未适王，实为王家妇。王郎死，儿义不独生，从此诀矣。"父母悲咽不能答。于是制为缟衣，诘旦，辞家人毕，即登舆去。宗党送者咸泣下。女自如无戚容。诣王门，袭吉服，拜宗祊，拜翁姑，告成妇也。乃易服就丧次，抚棺呼数语，语不哀，哀亦不泪。人谓："新人娴于礼者，不髽髻，不哭踊何？"女曰："是固知之。顷刻泉下人，惧毁容无以见夫君耳。"寻入名世寝室，仍取初服服之，仰视小楼有两板，系绳以经，一瞬而绝。康熙戊申二月二十一日也，去夫死仅三日，年一十九。[2]

又记：

> 林玠宷，北一隅诸生林兆机女。五岁失

---

[1] 引自乾隆《福州府志》，第594页，福州，海风出版社2001年7月版。

[2] 引自乾隆《福清县志》，第618页，福建省福清县志编纂委员会1987年12月整理本。

母，事继母以孝闻。年十一，许配西陈诸生陈杰长男岁可。夫苦读抱疴，女闻之辍食累日，且燃香臂上，吁天求代，晨昏为常。及夫卒，女闻讣大恸，欲奔殉，母未之许。女曰："儿心已死三阅月矣。"母知计决，命舆且缟素往。舆未至，先驰婢告陈曰："陈郎当迟殡，俾得觌遗容，死当不恨。"诣陈门，吉服拜宗祊翁姑。已，乃更素衣。就丧次，展衾抚视，呼而吊者三。询陈郎寝室，入曰："吾得死所矣。"出缳于袖，自经而殉。时康熙八年六月六日也，距夫死仅一朝，年二十有二。[1]

又记：

周璧官，茂才周豫应女。前相国叶文忠公耳孙信之未婚妻也。豫应与信父学博起龙同学交契，适两家有娠，遂指腹中为婚。年十八，将婚期，信病寝不起，女闻之即绝粒。凶讣至，欲奔殉。母及家人多方宽解，知不可夺，咸白衣冠送之。至则展拜如新妇礼。拜毕，抚尸哭曰："郎少待，妾立相从耳。"叶宗族具牲礼奠女，却之，亲索绳缠以帛，遂自经。时康熙甲戌十一月二十有四

---

[1] 引自乾隆《福清县志》，第618页，福建省福清县志编纂委员会1987年12月整理本。

日也。[1]

乾隆《晋江县志》记:

> 王氏,诸生施嘉惠未婚妻。同安诠奇女。嘉惠乡试殁于福州,氏年十七,闻讣奔丧接柩,恸屡绝。孝事舅姑一年,至嘉惠小祥日,缢柩侧。家人合葬之,以夫侄为之嗣。[2]

民国《同安县志》记:

> 陈氏,林万瑞妻,未嫁而瑞殁,父母匿不以闻,陈氏侦知,即赴瑞家哭奠,及撤灵曰:"吾志毕矣。今葬不及同穴,幸埋我于墓侧。"遂投缳死。时崇祯癸未年也。[3]

三

林耀华教授《义序的宗族研究》记:

> 冥婚是一种死后的婚姻,社会上不很常见的习俗。一二富厚人家的女儿,在成婚的年龄,大约十四五岁之上死去,她的父母请媒说合一个年龄相当的男子,与她婚配,这就是冥婚。

---

[1] 引自乾隆《福清县志》,第620页,福建省福清县志编纂委员会1987年12月整理本。

[2] 引自乾隆《晋江县志》第522页,上海辞书出版社2006年9月版。

[3] 引自民国《同安县志》,第1059页,北京,方志出版社2007年3月版。

冥婚的一切礼仪和正式婚俗相同，不过因为女子死在床上，务要收殓，所以许多礼节只能缩短时间进行。先是媒人受过女家父母的嘱托，就去寻找一个平凡的穷苦的子弟，约定要赔他多少银钱，或是另外给他聘个续弦的女儿，男子许可之后，也经过送"知单"、"合婚"、"定聘"等等手续，最末男子来到女家，由女家制一个草人，草人身上穿着出嫁的衣服，头上加冠，就是代表已死的新娘，她和男子在女家厅上拜堂，草人由伴房扶之行礼，礼仪完结之后，男子请女子的红鞋一双，坐轿归家，在家设"灵前桌"供奉，这叫做"请鞋"。自是以后，两家来往，一如亲戚。

"拨棺"也是一种冥婚，礼仪条件和请鞋相等。惟是男子到女家，没有拜堂，只在女尸入殓盖棺的时候，由这个男子骑棺上而过，俗叫"拨棺"，然后请女子的神位和"灵前钱"归家供奉。

已经定聘的女子死去，她的未婚夫应当来"拨棺"，或是"请鞋"。他续弦的时候，先去搬死妻的妆奁，红轿先接死妻的牌位。[1]

---

[1] 引自林耀华《义序的宗族研究》，第139—140页，北京，三联书店2000年6月版。

又记：

> 冥婚的意义有二：一是乡人怕女子死后，在阴间无处栖身，因为本族宗祖不收录女子的，假如她和一个男子结了冥婚，她的灵魂就可以投到男家的祖宗处去，并且可以享受男家子子孙孙的祭祀。一是乡人深信青年女子在未成婚前死去，她的鬼变作"惜花鬼"，非常厉害，专门向着青年男子作祟，假如她和男子结了冥婚，在阴间她有了名分，也就安定了。[1]

林耀华教授报告的乃是《周礼郑注》所谓"嫁殇"（"未婚而死者"，"死而合之"）。

10余年前，我从台湾学者郑喜夫先生的《民国丘仓海先生逢甲年谱》一书里找到了三件"嫁殇"的案例，并在《略谈台湾民间的冥婚之俗》一文[2]里报告说：

> 丘逢甲的祖父丘学祥（丘氏入台二世祖）曾娶龙氏、古氏神主。丘逢甲本人当十四岁时（1876年），同台中雾峰林家有议亲之事，当年十月，林家妇病逝。丘逢甲二十岁时（1883）娶妻廖氏。次年生子，周期而殇；第三年又生一女，未弥月而不育。

[1] 引自林耀华《义序的宗族研究》，第150页，北京，三联书店2000年6月版。

[2] 收拙著《台湾社会与文化》，福州，海峡文艺出版社1994年版。

丘逢甲《上元后一夕斌儿痘殇志痛》（有注云："丁亥，薜女生，周期而殇"）记录了丘逢甲痛失一女一子的遭遇。按照冥婚之俗的说法，这应是已故林家女作祟的原因了。于是，丘逢甲在1886年往雾峰迎娶林氏神主，奉为正妻，1889（是年，丘逢甲中为进士）并为安葬尸骨。

嫁殇（"嫁死人也"）是为未婚女性死者包办的同男性生者的婚姻，它不涉及未婚女性生者的生存问题，但可能影响男方所娶的女性生者（如丘学祥之妻罗氏，丘逢甲之妻廖氏）的婚姻幸福。

与嫁殇相应的嫁于殇（嫁于死人也），执行的则是未婚女性生者同未婚男性死者的婚约。

这里有一个问题。归葬也发生于未婚女性生者和未婚男性死者之间，但它先将未婚女性生者变成死者，归而葬之。因此，归葬属于未婚男、女死者的联姻。

嫁于殇的案例亦略可分为二类。

1．上门守贞。

乾隆《福州府志》记：

> 刘和姐，许字高世才。未婚，世才卒，女适高。事姑刘氏惟谨。姑病笃，割股以进，病遂愈。氏年二十七卒，与世才合葬焉。[1]

---

[1] 引自乾隆《福州府志》，第444页，福州，海风出版社2001年7月版。

又记：

> 汤荷官，许字周泽。未婚，泽死，荷官闻讣，归周服丧，孝养舅姑，力勤纺织。九载，为夫营葬，葬归，曰："吾事已毕，可以从夫地下矣。"即于是夜自经死。康熙六十一年旌。[1]

又记：

> 王氏瑞英，许字周元梅，年十四，元梅卒，女归周家，矢志贞守，择夫侄为嗣，日夜纺织以营葬，享年七十有九。[2]

又记：

> 梁氏，名毓琚，许字黄烃，年二十二，闻讣归黄，事舅姑，抚嗣子，孀守三十余载，雍正八年旌，入节孝祠。[3]

上记案例的"女适高"、"归周服丧"、"女归周家"、"闻讣归黄"均是未婚女性死者嫁于殇的一种说法。适、归，女子出嫁也。

乾隆《安溪县志》记：

> 王意娘，庠生王士联女，庠生林长春冢妇。孝事舅姑，闺谊足式，恩赐粟帛，一堂

[1] 引自乾隆《福州府志》，第448页，福州，海风出版社2001年7月版。

[2] 引自乾隆《福州府志》，第595页，福州，海风出版社2001年7月版。

[3] 引自乾隆《福州府志》，第483页，福州，海风出版社2001年7月版。

五代。享年九十三。[1]

上记"冢妇",亦是嫁于殇之说。

乾隆《台湾府志》记:

> 萧氏爱娘,台湾人,武举凤求妇。少许配洪思齐,未娶而思齐殁。爱娘年十九,矢志守节。白其父,归洪,养族子为息。十二年未尝归宁。乾隆四年病卒,合葬齐坟武定里。[2]

民国《藤山志》记:

> 郭祝官,藤儒士郑澍未婚妻也。幼聪慧,通诗书,工书法,许字儒士郑澍,未婚而澍殁。氏年二十,欲以身殉,父母泣劝而止。遂上门守节,恭事舅姑,抚育嗣子。舅姑、嗣子相继殁,依外氏而居。族人有欲为之请旌者,谢曰:"万世久安,忠臣之心也;白头相守,节妇之志也。试翻历史,凡得忠臣、节妇之名者,皆人生大不幸之遭遇也。吾方痛死者不能复生,又安忍因以得名乎!愿毋请旌。"苦守五十年,病于外氏,临危曰:"吾为郑家妇,当死于郑家。"乃舆归其夫侄处,翌日卒,年七十八。[3]

---

[1] 引自乾隆《安溪县志》,第300页,厦门大学出版社1988年2月版。

[2] 引自乾隆《台湾府志》卷十二,第22页,北京,中华书局1985年5月影印本。

[3] 引自民国《藤山志》,第82—83页,福州,海风出版社2004年2月版。

2．望门守贞。

乾隆《福州府志》记：

> 林玙芳，尚书㷭女孙，户部员外世吉女也。许吴尔雅，未婚，尔雅卒，女年十六，即欲奔丧，父母难之。女重违父母意，持斋不履阈外者十二年，死曰："葬必归吴。"合掌诵梵语而瞑。[1]

又记：

> 陈佳官，侯官人，迁居沙县，许字叶日炳。未婚，夫卒，讣至，女闭户自缢，以救免。乃毁妆茹素，依父母贞守十一载。日炳父母俱逝，其兄弟知女矢志不移，以礼迎归，择兄子春城为嗣，时方襁褓。女哭奠殡所，即闭户密室，朝夕对木主哭泣，虽妯娌罕得见面。又六年，嗣子已六岁，料能成立，即于所居投缳尽节，年三十六。[2]

在此一案例里，陈佳官望门守贞11年，又上门守贞6年，如此度过36年（实际是35年）的悲苦一生！

乾隆《晋江县志》记：

> 许氏，杨绸观未婚妻，名娥娘，恭观女。绸观住海外二十余载，断音耗。姑及父母遣嫁，皆不从。守贞至年四十一，绸观终

---

[1] 引自乾隆《福州府志》，第443页，福州，海风出版社2001年7月版。

[2] 引自乾隆《福州府志》，第481－482页，福州，海风出版社2001年7月版。

不归，遂绝粒死。杨家义之，迎主祭祀，以
绸观侄为嗣。[1]

民国《同安县志》记：

> 陈姻娘，东门外儒士刘文杰未婚妻。年
> 十三夫殁，望门守节。姑疾侍病，三年无倦
> 容。持长斋，卒年六十七。[2]

四

福建（包括台湾）方志所记闽、台冥婚旧俗之特
殊事例，亦当引起中国妇女史研究者的注意。

1．合丧

乾隆《台湾府志》记：

> 黄氏器娘，黄勉女，台邑武定里人，幼
> 许陈越琪。闻琪病，即为减膳祈祷。迨琪
> 死，父母秘不与言，氏密察得实即自缢。夫
> 家舁琪柩与氏柩会于路，合葬魁斗山，康熙
> 六十一年旌表，建坊十字街。[3]

上记"夫家舁琪柩与氏柩会于路"语可证，双方
各行丧礼，于送葬路上合其丧、于魁斗山合葬之也。

2．苗媳守贞

---

[1] 引自乾隆《晋江县志》第522页，上海辞书出版社2006年9月版。

[2] 引自民国《同安县志》，第1064页，北京，方志出版社2007年3月版。

[3] 引自乾隆《台湾府志》卷十二，第19页，北京，中华书局1985年5月影印本。

民国《同安县志》记：

> 卢氏节姜，城北魏玛鸿未婚妻，自幼归魏家为养媳。年十五玛鸿卒，氏矢志不嫁，事故以孝闻，以夫从兄子徽音为嗣，家素贫，辛苦女红，抚孤成立，民国元年卒，六十有九。[1]

又记：

> 梁氏，马巷许厝社许实力妻，时为养媳，十二岁夫殁，誓守，年六十八卒。[2]

3．夫家移柩从于女而合葬

乾隆《台湾府志》记：

> 纪氏险娘，台湾人，纪惠女，少许字吴使，年十八未嫁而使病。氏闻之而寝食俱废。寻，使殁，氏遂自经以殉。夫家移使柩与纪合葬武定里州仔尾。雍正五年祀节烈祠。[3]

4．过门待嫁而嫁于殇

民国《同安县志》记：

> 王氏，名五娘，许世钟未婚妻，择日将婚，世钟远出，届期未归。舅姑谓曰

[1] 引自民国《同安县志》，第1062页，北京，方志出版社2007年3月版。

[2] 引自民国《同安县志》，第1064页，北京，方志出版社2007年3月版。

[3] 引自乾隆《台湾府志》卷十二，第18页，北京，中华书局1985年5月影印本。

"吉"，乃迎媳以待子。越三日，讣闻世钟
先二月逝矣。五娘遂以妇服拜舅姑，旋入房
自缢，时年十九。家人俟其梓椟归，合葬
之。[1]

5．延婿入赘而嫁于殇

民国《金门县志》记：

> 陈氏守娘（一作居娘），南京人（一作
> 莆田人），台湾郑经管事国贤女，幼许字后
> 浦许奎。奎染疾，母老家贫。氏闻之，私谓
> 父母曰：子病母老，势难久存。夫之不幸，
> 奴之命也，愿侍汤药、尽妇道。父母重违其
> 意，延婿入赘。时奎病甚，氏日夜与其母奉
> 侍，衣不解带。甫三月，奎没，撤灵自缢，
> 祔葬于奎墓侧。[2]

五

选择本文的论题，乃是选择了一次痛苦的写作经
历。

首先，我从乾隆《福宁府志》、乾隆《台湾府
志》、乾隆《福州府志》、乾隆《古田县志》、乾隆
《安溪县志》、乾隆《晋江县志》、乾隆《福清县

---

[1] 引自民国《同安县志》，第1058页，北京，方志出版社2007年3
月版。

[2] 引自民国《金门县志》，第266页，《台湾文献汇刊》本，九州
出版社、厦门大学出版社2004年12月版。

志》、乾隆《南靖县志》、嘉庆《福鼎县志》、嘉庆
《云霄厅志》、道光《漳平县志》、光绪《漳州府
志》、光绪《漳浦续志》、民国《同安县志》、民国
《南靖县志》、民国《平潭县志》、民国《金门县
志》、民国《南平县志》、民国《藤山志》以及《螺
江志》、《崇武所城志》等福建方志和《民国丘仓海
先生逢甲年谱》抄录了闽、台历史上的冥婚案例100
件。

写作过程中，几次读鲁迅先生的《我之节烈
观》，不觉泪下！想想历史上那么多的女孩当其
十四五岁、二十余岁的妙龄，就接受了冥婚的安排，
接受了悲苦的生或者悲苦的死，心中颇为难受。

临末，我要以鲁迅先生的话来收束本文。鲁迅先
生说：

> 节烈这事，现代既然失了存在的生命和
> 价值；节烈的女人，岂非白苦了一番？可以
> 答他说：还有哀悼的价值。他们是可怜人；
> 不幸上了历史和数目的无意识的圈套，做了
> 无主名的牺牲。可以开一个追悼大会。

> 我们追悼了过去的人，还要发愿：要
> 自己和别人，都纯洁聪明勇猛向上。要除
> 去虚伪的脸谱。要除去世上害己害人的昏
> 迷和强暴。

> 我们追悼了过去的人，还要发愿：要除
> 去于人生毫无意义的苦痛。要除去制造并赏
> 玩别人苦痛的昏迷和强暴。

一〇八

我们还要发愿：要人类都受正当的幸福。[1]

2007年5月1日—7日，写于福州

---

[1] 引自鲁迅：《我之节烈观》，《鲁迅全集》，第1册，第123页，北京，人民文学出版社1981年版。

第陆章

标题	提要	关键词
第陆章		
闽台妇女史札记	本文研究了清代康、雍、乾时期台湾地方文献关于男女比例问题的记录；描述了1934－1937年间福建新生活运动的性别压迫倾向；抄录了清代福建救济女婴的二文社之相关资料；记录了殉节、转房、纳妾等闽台妇女史实。	性别比例；性别压迫；救济女婴；转房；纳妾

一

梁启超《清代学术概论》概括清代"正统学派"的10个学术特点，其一为"孤证不为定说。其无反证者姑存之，得有续证则渐信之，遇有力之反证则弃之。"[1]

今之学者亦当如斯。

2006年9–10月，我曾撰写《清代福建的溺女之风与童养婚俗》、《清代福建救济女婴的育婴堂及其同类设施》、《赤脚婢、奶丫头及其他——从晚清诗文看闽台两地的锢婢之风》。[2]嗣后仍留心从相关文献查找续证和反证。所得续证，促使我的研究进一步延伸：2008年暑期写有《清至民国时期福建的婢女救济及其绩效》。[3]所得反证，则有：

1. 康熙（乙丑）《台湾府志》（1685）记：

（台湾）无永锢之婢女，此亦遐陬之善俗也。[4]

又记：

台郡三邑之人民，计之共一万六千余丁，不及内地一小邑之户口。又男多女少，

---

[1] 梁启超：《清代学术概论》，第44页，北京，东方出版社1996年3月版。

[2] 收汪毅夫：《闽台地方史研究》，福州，福建教育出版社2008年7月版。

[3] 载《东南学术》2008年第6期。

[4] 《台湾府志三种》，上册，第98页，北京，中华书局1985年5月版。

匹夫猝难得妇，生齿奚难繁？[1]

2．雍正《诸罗县志》（1724）记：

> 男多于女，有村庄数百人而无一眷口
> 者。盖内地各津渡，妇女之禁既严，娶一妇
> 重费百金，故庄客佃丁，稍有赢余，复其邦
> 矣。或无家可归，乃于此置室，半皆再醮、
> 遣妾、出婢也。台无怨期不出之婢。[2]

3．乾隆《台湾府志》（1746）记：

> 直省各州县并设普济、育婴二堂。台郡
> 以在海外独阙。顾台地土著者少，户口未
> 繁，婴孩从无弃者。惟流移孤独，恒不免转
> 死沟壑。[3]

又记：

> 台人虽贫，男不为奴，女不为婢，臧获
> 之辈，俱从内地来。此亦风俗之不多觏者
> （《台湾县志》）。[4]

4．胡建伟《澎湖纪略》（1771）记：

> 鬻卖男女，各地皆有，此亦贫人之常，
> 无足异者。惟澎湖之人，虽十分贫困，男不
> 卖与人作仆，女不卖与人作婢。富室所用之

[1] 《台湾府志三种》，上册，第98—99页，北京，中华书局1985年5月版。

[2] 雍正《诸罗县志》，引自《台湾文献汇刊》，第4辑，第17册，第497页，北京，九州出版社、厦门，厦门大学出版社2004年12月版。

[3] 《台湾府志三种》，中册，第1468—1469页。

[4] 《台湾府志三种》，中册，第2076页。

奴婢，俱从内地买来，亦无禁锢婢女之事。

此亦风俗之所难靓也。[1]

上记资讯言之凿凿地指认：福建省台湾府"无永锢之婢女"、"无怨期不出之婢"、"婴孩从无弃者"、"永无禁锢婢女之事"。

对于拙论，上记资讯并不足以构成"有力之反证"。

我在写作《清代福建救济女婴的育婴堂及其同类设施》时已注意到：

据我闻见所及，清代台湾地方文献明确记载的育婴堂包括：

1. 唐赞衮《台阳见闻录》记载的"始自咸丰四年"的"台郡育婴堂"即台湾府育婴堂，址在台南；

2. 同治《淡水厅志》记载的"始于同治五年"的"摆接堡育婴局"，址在摆接堡；

3. 同治《淡水厅志》记载的"同治九年官绅倡捐合建"的"育婴堂"，址在"堑堡"即新竹；

4. 同治《淡水厅志》记载的"同治九年官绅倡捐合建"的"育婴堂"，址在"艋舺"即台北；

[1] 胡建伟：《澎湖纪略》，引自《台湾文献丛刊》，第109辑，第148页，台湾银行1958年排印本。

　　5．朱干隆《兼善集》记载的建于光绪八年的育婴堂，址在彰化；

　　6．光绪《澎湖厅志》记载的育婴堂，址在"妈宫城内"即澎湖。

　　以上育婴堂均建于"咸丰四年"（1854）以后。其时，台湾社会正逐步从移民社会向定居社会过渡。[1]

吾师陈孔立教授在其学术名著《清代台湾移民社会研究》里指出：

　　大约在1860年前后，台湾从移民社会过渡到定居社会。[2]

又指出：

　　总的来说，从移民社会到定居社会的主要变化是：第一，居民由移民为主转变为以移民的后裔为主，人口增长以移入增长为主转变为以自然增长为主。这一点可以从不同时期的人口增长率得到说明。据估算，1782-1811年台湾人口年增长率为26.4‰，1811-1840年降为8.7‰，1840-1905年再降为3.4‰，可见人口移入增长的高潮在乾嘉年间，到了定居社会，台湾居民的多数已经是移民的后裔了。

---

[1]　汪毅夫：《闽台地方史研究》，第35—36页，福州，福建教育出版社2008年7月版。

[2]　陈孔立：《清代台湾移民社会研究》，第37页，北京，九州出版社2003年8月版。

第二，社会结构由以不同祖籍的地缘关系组合为主，转变为以宗族关系组合为主。其他的变化多是由此派生的。[1]

在移民社会阶段，人口增长既以移入增长为主，移入的人口基本上是男性单身移民，由此派生的则是人口性别比例失调的问题即"男多女少"的问题。在"男多女少，匹夫猝难得妇"的情况下，自然不会发生溺弃女婴和锢婢不嫁的问题。

康熙（乙丑）《台湾府志》（1685）、雍正《诸罗县志》（1724）、乾隆《台湾府志》（1746）、胡建伟《澎湖纪略》（1771）所记是台湾移民社会阶段的历史状况。进入定居社会以后，人口增长以自然增长为主，人口性别比例失调的状况渐改，于是溺弃女婴之风、禁锢婢女之风亦渐长矣。由此又引发新一轮的人口性别比例失调及其相关的其他社会问题。

二

我在《1934–1937：福建的新生活运动》一文指出：

1934–1937年间福建的新生活运动乃是同期江西新生活运动的"翻版"，具有相同的极端政治化侧向，以及相同的性别压迫，基督教会、堂奉命参与，官僚懈怠等状况，是一场低"效能"的社会运动。[2]

---

[1] 陈孔立：《清代台湾移民社会研究》，第55-56页。
[2] 汪毅夫：《闽台地方史研究》，第283页。

一一六

兹就其性别压迫的倾向举例而言之。

1. 1934年8月，福建省新生活运动促进会公布《取缔妇女奇装异服办法》，其文曰：

第一章　总则

一、为取缔妇女有伤风化及不合卫生之奇装异服起见特制定本办法

二、本办法系根据南昌市取缔妇女奇装异服之规定参酌本省情形订定之

三、本办法有尺寸规定者以官尺为准

第二章　衣着

衣着分旗袍短衣二种，其长短大小以左列为准

1. 旗袍最长须离脚背一寸

2. 衣领最高须离颚骨一寸半

3. 袖长最短须齐肘关节

4. 左右开叉旗袍不得过膝盖以上二寸短衣须不见裤腰

5. 凡着短衣者以着裙为宜不着裙者衣服须过臀部三寸

6. 腰身不得绷紧贴体须稍宽松

7. 裤长最短须过膝四寸不得露腿但从事劳动工作者不在此限

8. 裙子最短处须过膝四寸

五、穿西装者长短大小须参照第四条之规定

第三章　装束

六、头发以向脑后贴垂者为宜不得垂衣领口以下长发梳髻者听之

七、禁止缠足束乳

八、禁着毛线类织成无扣之短衣

九、禁着睡衣及衬衣或拖鞋赤足行走

第四章 推行办法

十、本办法之推行先自省会起其实行期限如左

1. 女公务员女教师女学生及公务员之家属限一月内实行

2. 其他各界妇女限于三月内实行

十一、本办法由省会公安局抄录并制就传单挨户分送

十二、妇女衣着装束不遵守本办法者由岗警和平劝谕改正

十三、凡本市各缝业店以后不得代制奇装异服违者由公安局酌予处罚

十四、本办法经干事会通过后函请省政府转饬省会公安局执行[1]

上记各条（除"禁缠足束乳"为自理条义外）以省政府、公安局、岗警之威权，实行性别压迫。其"腰身不得绷紧贴体"、"禁着毛线织成无扣之短衣"等，尤其令人气恼。

---

[1] 福建新生活运动促进会：《新生活运动周报》，第15期，1934年8月18日。

2．1935年10月，福建省新生活运动促进会常务干事陈仪、陈肇英、王敬久联名发布公函，其文曰：

> 查妇女之奇装异服，既伤风化，且碍卫生，曾由会拟具取缔办法，函请福建省政府于廿三年九月一日公布施行，复由会续订实施办法各在案。施行以来，由去冬迄今春，一般服饰尚就范围，一交夏令，如袒胸露臂裸腿，又复盛行，其中以外长袍而内裸腿者尤为有伤风化，而碍观瞻，与取缔办法第二章第七项，显有违背，自应加以注意，惟执行取缔办法可分两种，女公务员女教职员女学生方面，应由主管机关及学校厉行禁止，以树先声，一般妇女，应由当地宪警及会属团队协同劝止，以挽颓风，除通告并分函外，相应检同取缔妇女奇装异服办法一份，函请查照饬属办理为荷。[1]

3．1936年5月，福建省新生活运动促进会常务干事陈仪、陈肇英、蒋鼎文联名发布公函，其文曰：

> 查妇女烫发，既碍卫生，又近奢靡，曾经本会劝导检查，并函请贵局切实取缔立案，惟日久玩生，各理发店仍有发生烫发情事，以致本市烫发妇女，为数甚多，似此情形，殊有违新运之意者，兹经提出本会第三十六常会讨论，议决："函请省会公安局

---

[1] 福建新生活运动促进会：《会刊》，第32期，1935年10月15日。

切实劝禁，并由会派员密查"等议，除由会派员密查外，相应函请贵局转饬各分局传集各理发店店东，切实劝导，并将各理发店烫发用具，予以封存，一面严令各巡警认真取缔，以期贯彻。[1]

陈仪、陈肇英、王敬久、蒋鼎文一干人等视女性衣着装束为社会乱源和乱相，动用行政、宪警和人民团体的力量及强制和密查的手段，强化了新生活运动性别压迫的倾向。

三

明嘉靖《邵武府志》记：

> 王洋，字元渤，楚州人，绍兴间知军州事，有吏才。俗生子多不举，洋奏立举子仓，凡贫民当产者，例以钱米给之。[2]

作为宋代福建举子仓的继承者，清代福建救济女婴的设施略可分为两类：一是设堂雇乳母乳养民间弃养女婴；另一则是设局立社而不设堂、以"助钱"方式鼓励原母乳养。

在我看来，不设堂而资助原母乳养的方式更接近于宋代举子仓的传统。

清代同治八年（1869），福建连城知县胡毓棠倡

---

[1] 福建新生活运动促进会：《会刊》，第35期，1936年5月15日。

[2] 嘉靖《邵武府志》，第434—435页，北京，方志出版社2004年5月版。

设二文社以救济女婴。

民国《连城县志》记：

> 由邑人捐款而设，有育婴局。同治间，胡令树[毓]棠倡之，邑人周上珍、童积斌、李文澜、谢邦超成之也。始为二文社，襄助者日捐钱二文，月收一次，至多三百人，认定后，即发给养婴费月六百文。伪报有罚，特设查婴者；溺女有罚，特奖报告者。行之城厢，成效卓著。[1]

同书征引相关史料甚详。童积斌序云：

> 兹役之举，始于己巳年劝行二文社，一倡而和者三百余人。捐产捐金者相继而起。……思垂久于后，则图册规条之设，不可不讲。海仙李君殚数载之勤，与玉田周君参订其事，固已若网在纲，有条不紊。[2]

李文澜序云：

> ……酌立章程数十条，议不设堂，惟设局立社，就便举行。……己巳夏，族兄济才暨伍君钖咸等有福鼎六文社刊本。余见之，喜其事甚便，其费甚简，而其功甚大，欲醵金付梓。余因为酌一便而又便、简而又简之法，将六文社改刊二文社，余照朱公拟定旧章，即日给婴举行，时助二文社者约三百

---

[1] 民国《连城县志》，第638页，厦门，厦门大学出版社2008年9月版。

[2] 民国《连城县志》，第639—640页。

人。[1]

《规则》云：

一、每报婴一名，分理给报单，总理给照票，付该生母领回乳养每月助钱六百文，以给至十个月为止。共钱六千文。一、每报婴女，各门分理先查核真伪及是否贫户，然后给报单，送至总局，总局即着查婴人到该左右邻查确，然后给照票。一、四城户口既繁，城外周围各限近城五七里而止，远则难于稽查，亦限于经费；且县署已谕各乡倡捐设局，则各乡婴女自可由各局给发，惟零星村落并未附入大乡者，临时酌给。一、各邑每报婴女，必亲抱到局，闻有冒风致毙者，兹议准由生女之家或左右邻来报。一、各邑请乳母入堂乳养，弊窦殊多，闻有一人兼乳数婴，以致饥寒毙命者，兹议准该生母领回乳养。一、闻各邑所养婴女，至长大出嫁，应缴还所领钱数，每致佳期阻滞。兹议所领之钱永不追缴。一、拾得私弃未毙男女婴孩抱送到局者，立给赏钱二百，即请乳母抚养，并例外加给裙子、衫子之费。一、查明溺女者，报由总局公断处罚，如或不遵则呈官究治。[2]

---

[1]　民国《连城县志》，第640页。
[2]　民国《连城县志》，第640—641页。

一一二

从上记资讯看，其时先有福建省福鼎县六文社的活动。福鼎六文社和连城二文社于救济女婴诚可谓"其法甚便"、"其功甚大"也。

四

清代乾隆年间，福建布政使赵国麟有《禁止搭台殉节告示》，其文曰：

> 为申明饬，禁贤智之过，以正人心，以端风化事，照得妇人守节，从一而终，理之正也。身遭强暴，捐躯明节，理之变也，变而不失其正也。若夫舅姑无恙，叔嫂有依，必慷慨一决，从夫九地，于死者虽无愧，于生者何其忍，此贤智之过，非理之正也。至于为父、母、兄弟者，家有守节之妇，当安抚以全其生，不当怂恿以速其死。孺子匍匐而入，皆生恻隐，牵告无罪而就，犹然不忍，乃至亲骨肉，坐视其死而不救，亦已忍矣。况更为之筑台，设祭，扶掖投缳，俨然正法之场。死者何罪，观者何心。一人节烈，众人豺狼，名为美举，实伤风化。此不独非理之正，而更大背乎理者也。闽省旧有此习，本司素所深悯，正欲出示晓谕禁止，忽有杨氏殉节一案，阖学金呈旌其烈，舅氏互控悉其由。夫婚二日，迫继母而投河，氏痛终天，避郎叔而赴水。移冢妇为介妇，姑

意早定于长子未死之前，易旧婚为新婚，叔志更切于嫂手既援之后。为杨氏者，虽有舅姑，竟成强暴，虽有伯叔，何异寇仇。归无所归，守无可守。有死而已，且能先葬姑枢，次登缳室，更可谓明于大道，从容就义者矣。所不合者，独筑台一节，犹染旧习，然非本心也。观其投河者再，其志亦诚可悲已，本司亲临其冢，为文致祭，枷号郎叔于墓下，朴责舅氏于坟前，用惩顽恶，以慰幽贞。但本司恐军民人等，惑于俗习过当之风，不明本司一劝一惩之意，故特为申明。杨氏之节，所以有必死之心者，实无可生之路，非善其死之之迹，乃善其死之之心也。为此示谕阖属所悉。凡守志者，当思愿为节妇，不愿为烈妇，凡为节妇之父兄亲戚者，当周旋防护，开导勤谕，使其知一死不足以塞责，则有节妇之乐，无节妇之苦。庶人心风俗，皆得其正，若仍循故套，轻生钓誉，登台生祭，本司不独不为表扬，枷朴之刑，且将加于烈妇之门矣。慎之！戒之！毋负本司化民成俗之意可也。[1]

这里记录了"闽省旧有"的搭台殉节的恶俗和强迫转房的案例。同禁止转房一样，强迫转房亦是一种

---

[1] 乾隆《福州府志》，上册，第694页，福州，海风出版社2001年7月版。

无视妇女意愿的性别压迫的行为。

道光《政和县志》收王孙恭《烈妇赵陈氏传》，其文曰：

> 烈妇陈氏，赵玉妻也。氏出身寒微，幼为张国学义女，端谨静一，张抚之如己出。及长，许字赵玉。赵本军家子，其先以武弁宦政和，遂家焉。自氏许婚后，赵渐得痨瘵疾，旁无叔伯，亦鲜兄弟，思迎氏侍养。有阻氏勿许者，氏曰："生为赵家妇，死为赵家鬼，焉有二心。"比归赵，躬侍汤药不解衣者累月，而赵病益笃，因语氏曰："生苦汝，吾殁后为汝择所归。"氏度夫必不起，不先夫死无以明吾志，乃束发整衣自经，而赵亦信宿奄逝。人或为氏惜，以其先夫而死，于例不当旌。余谓烈女与烈士其揆一也，彼忠于所事者，殉之于城破之后，与殉之于城破之先，岂有二哉？余哀其志，惧潜节幽贞之遂泯也。率诸绅士，勒石于坟，以俟采风者择焉。[1]

"信宿"，连宿两夜也，引申为二三日。

清代在咸丰年间，台湾府学训导刘家谋《海音诗》有诗并注云：

> 夜合花开香满庭，鸳鸯待阙社犹停。怜

---

[1] 道光《政和县志》，第208-209页，厦门，厦门大学出版社2010年5月版。

来百两盈门日，三五微芒见小星（〔台湾〕男女嫁娶，迟至二、三十岁。晚近风气不古，每有冶游之男怀春之女，毋亦愆期之所致耶？未娶而先纳婢，既育男女，娶后有嫡〔庶〕不相容而复离异者）。[1]

小星、小妾也。梁章钜《称谓录》于"小星"条下记：

《诗》："嘒彼小星"。《传》："小星，众无名者。"《笺》云："众无名之星，随心嚖在天，犹诸妾随夫人，以次序进御于君也"。[2]

刘家谋此诗可注意者尚有注语里的"离异"一词。在清代，"离异"是广泛使用的书面语，也是法律用语。

搭台殉节、强迫转房、夫未死而殉节、未娶妻先纳妾，闽台妇女史上的这些事像是相当夸张的。

五

刘家谋《海音诗》有诗并注云：

誓海盟山意正长，缠头百万亦寻常。三家村里盲儿鼓，犹唱当年黄锦娘（永春人贾于台者，眷一妇黄锦娘，倾其赀。既归复

---

[1] 《台湾杂咏合刻》（《台湾文献丛刊》第28种），第13页。
[2] 梁章钜：《称谓录》，第86页，福州，福建人民出版社2003年12月版。

来，锦娘拒而不纳。流离失所，台人哀之，为俚曲记其事）。[1]

陈鉴修《漳州新志初稿》记：

> 清末有庄姓道员，侨寓厦门，风流文雅，曾以千金为歌妓红莲脱籍，纳为小星，每来漳必挟与俱。嗣庄以床头金尽，欲归不得，莲薄其贫，下堂求去。庄慨然书券与之，云："曩以千金为渠脱籍，相依三载，念我无家。不图口道变生，遂使下堂求去。事非得已，情有可原。固宜听彼自由，从其所好，或莺巢之别择，抑燕垒之重营。好自为之，一误不堪再误；今吾往矣，将来尚冀重来，莫教司马青衫，再听琵琶于江上；但愿阿娇金屋，早谐伉俪于人间。临别赠言，以此为券"。[2]

台湾黄锦娘与厦门红莲的故事应该都有真实的成分。但作为故事，它们同属于"无情妇人"的母题。

同"永春人贾于台"一样，清代亦有台湾人贾于闽，亦曾发生"眷一妇"之事。

我藏有1893年八月台湾进士汪春源之妹汪攀写给其丈夫的信（复制本），其文曰：

> 妻汪氏敛衽百拜
>
> 良人台下：刻接华翰一章，诸事拜悉。

[1] 《台湾杂咏合刻》，第16页。

[2] 陈鉴修：《漳州新志初稿》，第81—82页，漳州市图书馆藏本。

良人臺而剝棧筆翰章諸事拜悉但良人在外沐　　妻汪氏歛袵百拜

雨櫛風淒歲不忍也但客舍之地重衣加飯第一倘

得如意務宜及早旋歸以慰姑延望黍之家計

維艱膝下又少子女向者曾聞良人往漳娶有次

室幸而有孕妾不勝之喜將謂見女之許已成乃

妾之至願也刻聞其室經以去世須妾開之得不

為之新傷然而死生有命初勿過於頹唐兒事務

清代台南妇女家书（局部）

但良人在外沐雨栉风，妾实不忍也。但客舍之地，重衣加饭第一，倘得如意，务宜及早旋归，以慰老姑延望，兼之家计维艰，膝下又少子女。向者曾闻良人在漳娶有次室，幸而有孕，妾不胜之喜，将谓儿女之计已成，乃妾之至愿也。兹闻其室经以去世，顷妾闻之得不为之断肠。然而死生有命，切勿过于烦恼，凡事务宜自爱，倘后来如果有意续娶，万祈回郡共商，自有良家婚对。况妾迩来暂住母家，甚为未便，每思意欲到漳共聚，奈因未得钧命，是以未敢擅便。如良人意欲回家，可一齐赐示，亦免妾之跋涉，则幸幸矣。纸短情长，容后面禀，伏惟心鉴是祷，并请金安不一。

癸桂月下浣由台南竹仔街缄

从该信看，汪攀的丈夫到漳州后私自纳妾，汪攀对此颇为无奈；汪攀知书达理，对丈夫柔顺体贴。

清代法律有关于"有妻更娶妻者，后娶之妻离异归宗"[1]的规定，但男子纳妾行为基本上未受法律的制约。

男子纳妾行为伤害了女性当事人（妻、妾）的尊严和幸福，是不法不端的行为。

---

[1] 转引自《守节、再嫁缠足及其他》，第79页，西安，陕西人民出版社1990年9月版。

六

　　乾隆《福州府志》收有宋代福州州事温益（宋绍圣四年，1097年八月任）的《戒生口牙》，其文曰：

　　　　闽建、剑两州邵武军客人，多是到来福州管下，使用钱货，讨会生口，牙人或无图辈巧设计幸，或以些小钱物，多端弄赚人家妇女并使女，称要聘为妻，或养为子，因而引诱出偏僻人家停藏，经日后便带往逐处，展转贩卖，深觅厚利，致被诱之家，经官诉讼，官司虽尽根寻逐，卒不见获遂，使父、母、夫妇永不相见，其或诱人，亦不知存亡，此岂是情理，切宜防备。敕条立碑晓谕，责五人为保，有工者保依条追赏外，每获一名，更于知情引领牙保藏匿人名下，理钱二十贯充赏，其邻甲厢者一例，重行断遣。[1]

　　这是宋代福建官方打击拐卖妇女的文告。

　　清代康熙年间，福建巡抚张伯行在任上针对"闽俗买贫女为婢，凡男子劳役，悉以属之，婢有至无齿不嫁者，或鬻之尼院，得价倍，而弊乃甚于锢婢矣"和寺院收留幼尼的状况，"谕令赎归，间或分俸代为偿而归之，特严幼女为尼之禁"[2]。张伯行关注妇女问题，实施婢女救济并严禁幼女为尼，这是令人感念

　　[1]　乾隆《福州府志》，上册，第693—694页。
　　[2]　乾隆《福州府志》，下册，第91页。

起敬的。

　　幼女为尼与成年女性自愿入寺院为尼是不同的。送幼女入寺院为尼的行为乃是预先剥夺其性爱、婚育等一系列权利的恶劣行为。

2009年9月12—13日

记于京师寓所之涵悦斋

第柒章

	第柒章	
关键词	提要	标题
闽、台两地　性别压迫　中国妇女史研究	本文辑录并分析闽、台两地有关『典卖其妻』、『买女赘婿』和『命长媳转偶』等性别压迫现象之证言、证物和案例。本文指出，在此等性别压迫现象里，媳妇被视为有价商品或有用物品，被迫接受不由自主的婚配，其情感和意愿则遭到蔑视；闽、台两地替媳妇招婿（包括『买女赘婿』和依照『子死媳在，媳妇可以招婚』之民间习惯法而行之的招婚）和『大儿失业出外谋事经年无好音者，即命长媳改偶次男』分别是招赘婚俗和转房婚俗的特例，宜为中国妇女史研究者注意。	性别压迫：『典卖其妻』及其他 ——闽台两地的部分证言、证物和案例

明代崇祯年间，著名作家冯梦龙在福建寿宁知县任上撰《寿宁待志》，书中有关于福建历史上"典卖其妻"之风的重要证言，略谓：

> 或有急需，典卖其妻，不以为讳。或赁于他人生子，岁仅一金，三周而满，满则迎归。典夫乞宽限，更券酬直如初。亦有久假不归，遂书卖券者。[1]

这里，冯梦龙记录了"典卖其妻"的三种方式：典妻、卖妻和租妻。

典妻、卖妻和租妻都以妻子为有价商品。其中，卖妻乃由本夫同买方订立买卖合同，议定并收受价钱，一次性卖断买断。典妻和租妻则属于暂时出让（当然，如冯梦龙所记"亦有久假不归，遂书卖券者"即由暂时出让改为一次性卖断的情况）。典妻由本夫和典夫约定典金、典期等事项并订立合约，典期内典金由本夫使用以应其"急需"，妻子则听典夫使唤（包括为典夫生子）；期满，典金归还典夫，妻子归还本夫，妻子在此一过程中相当于典当的抵押品和偿付利息的费用。租妻的情节大致如冯梦龙所记，本夫坐收租金，租期"三周而满"则完全是为"赁于他人生子"而设计的，因为怀孕、生子、哺乳及至断乳一般需要三年的时间；"岁仅一金"指一年的租金仅

---

[1] 引自冯梦龙：《寿宁待志》，第52页，福州，福建人民出版社1983年6月版。

为一两金花银。

附带言之，清人严有禧《漱华随笔》记：

> 崇祯辛巳（十四年，一六四一），桐城生员蒋臣，上言钞法可行。且云：岁造三千万贯，一贯直一金，可得金三千万两。……阁臣蒋德璟具揭争言："民虽愚，谁肯以一金买一张纸？"御史白抱一亦上书极谏，事卒不行。[1]

近人丁国钧《荷香馆琐言》则记：

> 《芸窗杂录》云：崇祯十年（一六三七）米价，冬粟每石一两二钱，白粟一两一钱，油每斤净钱七八十文，大为可骇！及十四年（一六四一），糙米每石二两二钱，冬粟每石二两五钱。[2]

据此可知，"岁仅一金"的租金连一石米也买不起。

冯梦龙所记"典卖其妻，不以为讳"应该是一时一地的情形。在福建，"典卖其妻"通常被认为晦气之事，当事者多讳言之。例如，在福建漳州，典妻、卖妻和租妻的契约多在猪圈起草和签订，笔、墨用毕即弃如污物。[3]

---

[1] 转引自谢国桢：《明代社会经济史料选编》，下册，第94页，福州，福建人民出版社2004年5月版。

[2] 转引自谢国桢：《明代社会经济史料选编》，下册，第100页，福州，福建人民出版社2004年5月版。

[3] 报告人陈××，1939年生，出生地台湾南投，居住地福建漳州，公务员。

清代康熙年间，陈汝咸在福建漳浦知县任上制定《十家牌法》，其文有"禁溺女、典妻及久停亲枢"[1]的规定；民国时期，胡邦宪于1944年12月在福建福安县县长任上填报的《福建省福安县礼俗情况调查表》记：

贫苦人家无力娶妻，或娶妻未能生育者，为延续后嗣计，有租妻之陋俗。期间，先约定届满限期后仍归原夫。此种陋俗，本府早予积极禁止，现已稍杀。[2]

实际上，此种状况一直延续到《中华人民共和国婚姻法》颁布实施的1950年前后。

新版《福安市志》记：

1950年5月《婚姻法》颁布后，县司法科深入第八区（溪潭乡）进行摸底，在1950年全区总户数7262户中，已婚的3579对，童养媳2784人，租妻33人，典妻20人，等郎妹有26对。[3]

又记：

1951年12月，（福安）召开第二次妇女代表大会，检查《婚姻法》执行情况，在政府的帮助下，童养媳和受包办婚姻压迫的妇女得到解放，38例租妻、42例典妻、10例

[1] 引自《漳浦县志》（康熙志—光绪再续志）点校本，第34页，福建省漳浦县政协文史资料征集研究委员会，2004年12月编印。

[2] 福建省档案馆藏，闽档11-11-727。

[3] 引自《福安市志》，第756页，北京，方志出版社1999年12月版。

合妻案件得到处理，10位童养媳回到父母身边，大批妇女在经济上逐渐独立。

1952年6月，在社口区，……解除租妻、合妻、典妻关系11例。[1]

又记：

荒僻山村人家，遇上天灾人祸，无力抚养妻室儿女，或是家贫无力娶亲，于是典卖、赁妻现象频频发生。据1950年对1个区的调查，就发现典妻20例，赁妻33例。[2]

新版《宁德市志》记：

在封建社会里，妇女既无政治地位，也无经济地位，由于农村经济落后，民不聊生，妇女还被当做商品进行买卖，受尽凌辱。1953年，据对3个区8个乡调查，解放前被典妻者达308人，黄田乡夏村1058个妇女中童养媳有617人，占58.32%。[3]

新版《连江县志》记：

据1952年第二区（浦口）调查，在全区7513名妇女中，童养媳有1092人（其中已婚719人、未婚373人）、等郎配89人、典妻15人。[4]

新版《建瓯县志》记：

---

[1] 引自《福安市志》，第725页，北京，方志出版社1999年12月版。

[2] 引自《福安市志》，第1031页，北京，方志出版社1999年12月版。

[3] 引自《宁德市志》，第625页，北京，中华书局1995年11月版。

[4] 引自《连江县志》，第927页，北京，方志出版社2001年8月版。

旧时，婚姻实行买卖制，有些穷人无力娶妻，又有娶妻后负债累累而无法供养者，托媒说定，将妻子"典"与别人，写出"典书"，议定"典价"、"典期"。在典期内生儿育女归典娶者所有，到期妻归原夫，价款不退。一般出现在穷山僻壤，解放后此陋习已绝迹。[1]

现在来看相关证物和案例。

福建寿宁县档案馆藏有一纸卖妻契约[2]，其文曰：

立再醮婚书契 黄阿赞娶妻龚氏招琴，现年四十岁，未生男女。奈因家下贫穷，衣食生活难度，不（得）已于（与）妻招琴相议，托媒再醮，转配婚与陈宅世荣兄为妻，结为百年鸾凤，秦晋之婚。兹今凭媒三面议作礼金法币拾元正，即日笔下亲收足讫，未少分文，其婚书自成立之后，任凭陈边（方）迎娶，结为百年夫妇，黄边（方）永不得异言。惟愿陈边（方）再添子生枝，茂盛长发以其祥。立婚书为据。即日亲收过婚书内礼金法币拾元正再照。

中华民国贰拾柒年八月吉日立婚书

黄阿赞 在见〇〇〇 媒人〇〇〇 代笔〇〇〇

---

[1] 引自《建瓯县志》，第859页，北京，中华书局1994年3月版。

[2] 福建省寿宁县档案馆藏，编号023。

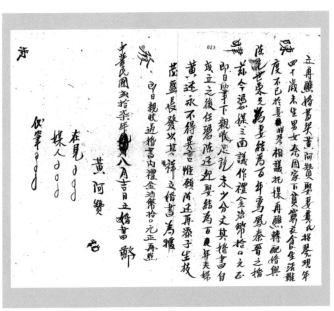

民国时期的一份《卖妻契约》

性别压迫：「典卖其妻」及其他

在此一证物、此一案例里，黄阿赞将妻子龚招琴当作商品卖得法币10元，卖妻原因是龚氏"未生男女"和"家下贫穷"；契约的"在见"、"媒人"和"代笔"均画圈而不署名，但在契约的上右、上左和下左处分别写有"陈四"、"发叔"和"辛女"，这应该是"代笔"、"在见"和"媒人"的署名。此一署名方式是当事人讳言其事的表现。

冯尔康《古人生活剪影》据清代档案记录了发生于福建的另一宗卖妻案例：

> 嘉庆时，福建长汀人兰贵陇，娶妻吴氏。吴氏结婚时17岁，与兰贵陇堂兄兰应陇通奸，被丈夫发现，就以贫穷为名，托媒婆邓秋妈出卖吴氏。媒婆找到王思封，王出彩礼番银50元，兰贵陇写立婚书，收清财礼，这时吴氏20岁。但是兰应陇从中作梗，杀死王思封（中国第一历史档案馆档案，内阁全宗·刑科题本·婚姻类，嘉庆四年第105包）。[1]

在兰贵陇卖妻案里，其妻吴氏的售价为番银50元，可谓价值不菲。此一售价当与吴氏年轻（"这时吴氏20岁"）有关。

二

---

[1] 引自冯尔康：《古人生活剪影》，第23页，北京，中国社会出版社1999年1月版。

10年前，拙稿《吕赫若小说的民俗学解读》指出：

《吕赫若小说全集》所收《石榴》描述了招赘婚的种种情况。

（一）《石榴》里的金生、大头和木火三兄弟，除木火未婚而死外，金生和大头的婚姻都属于招赘婚。

（二）就招赘婚男、女双方而言，男方应招入赘的通常原因乃在于生活贫困、无力婚娶，如金生、大头兄弟"生活这般贫困，如果不入赘他家，是无法娶妻的"，"无法独立娶妻，必须入赘"；金生的妻家"为妹招夫的动机是希望有个劳动的帮手，所以看中金生默默勤奋工作的优点"。金生的妻家"是一个母亲一人，兄嫂有两个小孩的家庭"，不存在子嗣继承方面的问题。子嗣继承发生问题的家庭实行招赘婚多出于"传宗接代"的考虑。

（三）招赘婚可以分为招入婚（随妻居）和招入娶出婚（婚后一段时间，赘夫携妻返回本家居住）。金生的婚姻显然属于招入娶出婚："入赘的条件只说是八年，之后就无条件让他独立"。

（四）招赘婚生育的子女或随父姓，或随母性，或按约定比例随父姓和随母姓（这在闽台民间俗称"抽猪母税"）。金生的妻家有"兄嫂"及其"两个小孩"，不存在子嗣继承方面的问题，因而"并没有说生下来的小孩归属于他们家"。

（五）招赘婚不同于常规婚姻，但也有常规的收（送）聘金的情节，如《石榴》所记，大头应招入赘时理应偿付的聘金为"一二百两"，这使得大头及其兄长颇为"操心"；金生的婚姻，实际上是以金生八年的劳务来偿付聘金的。

（六）金生是长子，他的招赘婚具有特殊性。

按照宗法制度和宗法观念，长子、长孙、长曾孙、长玄孙……的继承系统代表始祖正体，是"百世不迁"的。金生的招赘婚能够成立，妻家关于八年后"让他完全独立"即招入娶出的承诺和"并没有说生下来的小孩归属于他们家"的宽容是很重要的条件，然而作为嫡长子，金生在父母双亡之后承担有祭祀供奉祖先的责任。那么，赘夫在妻家是如何供奉自家祖先牌位的呢？……作为长子长孙，金生将自家祖先牌位"放入吊笼"挂在梁上，其用意在于表示自家祖先并不因自己的招赘婚而在此落户。然而，将自家的祖先牌位设置于"稻谷脱壳的房间"而不是厅堂之上，挂在梁上、"摆在长椅子上"而不是安放龛内和供桌之上，这种做法显然带有辱没祖先的痛苦色彩。[1]

实际上，在闽、台两地历史上的招赘婚俗里，除了为女儿招婚，替媳妇招婚（包括"买女赘婿"和按照"子死媳在，媳妇可以招夫"之民间习惯法而行之的招婚）亦是常见情况。

清人笔记《问俗录》记：

> 小人老而无子，弱女及笄赘一婿，以尽余年，情也。诏安买女赘婿，孀妇赘男，以承禋祀，守丘墓，分守家业，仰事俯畜，无异所生。族中人亦不以乱宗为嫌。于是有约定初生之男从妻族，再生之男从夫族者。有生从妻姓，没从夫姓者。更有恋其妻，贪其产，直忘所本来者。倘窃妻而逃，不顾赘父母之养，即讼端起焉。夫随嫁儿得以承宗，鬻义子得以入祠，吕嬴牛马，诏安氏族之实已不可考矣。[2]

另一清人笔记《台游笔记》则记：

> （台湾民间）无子买女亦称媳妇，媳妇再买之女曰孙媳妇。每见丧家门首标曰：亡故几代大母。盖以所买之媳妇称呼，并非子孙，甚至六、七代，八、九代不为怪也。[3]

[1] 引自汪毅夫：《闽台历史社会与民俗文化》，第144-147页，厦门，鹭江出版社2000年8月版。

[2] 陈盛韶：《问俗录》，引自《蠡测汇钞·问俗录》，第86页，北京，书目文献出版社1983年12月版。

[3] 佚名：《台游笔记》，引自《台湾文献汇刊》第5辑，第8册，第365页，（北京）九州出版社、厦门大学出版社2004年12月版。

又记：

> 子死媳在，媳妇可以招夫，名曰招硬，又曰招夫养子。[1]

民国《同安县志》亦记：

> 此外更有招赘一节。有因无子养媳招夫者，亦有因夫亡贪其家业而为之者。淫乱渎宗，不可谓礼，有心世道风俗者切严禁之。[2]

兹举一典型个案而言之。

《台湾文献汇刊》所收《台湾民间契约文书（二）》录有陈成兴替养媳李氏查某招婚案例的相关证物三种。

（一）《明治四十年（1907）陈成兴招婚合约字》文曰：

> 立招婚合约字人陈成兴，因长男名唤金山，不幸先年弃世，其妻李氏查某，年庚十七，未有婚合，无夫可靠，难以独守，不得势局。爰托媒议再招宗亲陈乞之甥金宝，忠厚勤俭，喜欢前来入赘，当日金宝同媒备金二十圆，交成兴收入以为承婚花宴定赏。登时援笔立字，遂成金石，即日过门匹配，付金宝成亲，以为夫妇。后日生下男女，不论多少，均分各半。抑或他年再置物业，俱

---

[1] 佚名：《台游笔记》，引自《台湾文献汇刊》第5辑，第8册，第365页，（北京）九州出版社、厦门大学出版社2004年12月版。

[2] 引自民国《同安县志》，卷之二十二《礼俗》。

系各配摊分。自此立字允诺宗亲好时合卺，
百年偕老，惟愿将来如兄如弟，宜室宜家，
伏望后日麟振振而螽悦悦。此系二比喜悦，
各无反悔，口恐无信，立招婚合约字壹样式
纸，各执壹纸以为存证。

　　　　明治丁未拾壹月　日
　　　　立招婚合约字人陈成兴、陈乞
　　　　说合为媒人陈氏勤[1]

（二）《明治四十三年（1910）陈成兴请求说谕
愿》文曰：

　　　　右者窃成兴，兹因明治四十二年拾月间
　　被招婿陈金宝横言逆说，家内农业工事全然
　　不理。迨至今年十月二十七日，自报他行出
　　外求利自用，至今并无回家，而内中放下妻
　　儿，日夜怀恨，无语可施，思无奈何，亦是
　　不得已。今求望蒙大人唤二比集讯，查察虚
　　实。此段奉愿候也。

　　　　新庄支厅长警部中间光太郎殿。
　　　　明治四十三年十二月十四日
　　　　请求人　陈成兴[2]

（三）《大正九年（1920）陈火生等阄书》文略
谓：

　　　　同立阄书合约字人长房陈火生、次房火

---

[1]　引自《台湾文献汇刊》第7辑，第7册，第423-424页。
[2]　引自《台湾文献汇刊》第7辑，第7册，第424页。

用、叁房锦溪等兄弟三大房，窃念生父在日有抱养媳妇一口李氏查某，长大招赘与陈金宝入门结为夫妇，偶有生下长子名添福等。缘我兄弟甥四人，盖闻张公同居世，家道休之风尚在。又闻树大枝分，水远流别，理有固然。来日难免分爨，又恐后来子孙人心不古，争短较长，致伤和气，失其骨肉之亲，当堂相议，不如自此分家，同请公人族长到家协议，悉将承祖父遗下建置之物业，先抽出原充为长孙之额，又抽出公业轮流，以养赡连完婚诸费，其余业产及家俱畜类等件，各配踏分明，作四份均分。……

　　　　大正九年庚申八月　日
　　　　同立阄分合约字人陈长房火生
　　　　　　次房陈火用
　　　　　　叁房陈锦溪
　　　　　　甥陈添福（陈金宝代印）
　　　　成年者法定代理人李氏查某
　　　　　（在场见人、亲族公人、代笔人，
略）[1]

　　从上记证物可以看到，陈成兴是在长子金山早年夭殇、养媳李氏查某年届婚龄的情况下托媒说合，替李氏查某招婚，属于按照"子死媳在，媳妇可以招婚"之民间习惯法而行之的招赘婚，其特殊性则在于

----

[1]　引自《台湾文献汇刊》第7辑第7册，第432-435页。

李氏查某"未有婚合"，是陈成兴的养媳，亦是陈成兴的养女。陈金宝系陈成兴"宗亲陈乞之甥"，又系陈姓"宗亲"，作为赘婿，他按照常规婚姻的做法，"同媒备金二十圆，交成兴收入以为承婚花宴之费"，并同招婚方议定："后日生下男女，不论多少，均分各半。抑或他年再置物业，俱系各配摊分"。婚姻成立后，陈成兴对赘婿陈金宝"家内农业工事全然不顾""出外求利自用"相当不满。然而，在陈成兴逝世以后，其后人分爨析产，陈金宝同李氏查某的儿子陈添福作为"甥"，同陈氏兄弟三人一起作为"兄弟甥四人"，各分得一份财产。招赘婚约关于"俱系各配摊分"的约定得到实现。

替媳妇招婚（包括"买女赘婿"和按照"子死媳在，媳妇可以招婚"之民间习惯法而行之的招赘婚）的执行者之目的是"续宗"，其批评者的目标却是"乱宗"。在我看来，作为婚姻双方的女方（媳妇、养媳和养女），其意愿和情感是否受到尊重的问题才是评估此类招赘婚的关键问题。将媳妇（包括养女、养媳）当做有用（用于"续宗"）的物品、蔑视其意愿和情感的行为属于可憎可恶的性别压迫。

乾隆《福州府志》记：

> 杨氏，方廷荫妻，嫁甫二日，廷荫为继母所逼赴水死。氏痛夫死非命，投江者再，遇援不得死。继姑欲夺其志，以氏配己所生子廷赓，氏不从，怒欲鬻之外乡而甘心焉。氏苦无依，营葬嫡姑毕，遂投缳，临殁，嘱

附葬于嫡姑之旁。乡间怜之，鸠金助殓。事闻，布政使赵国麟为之吊祭，惩廷赓等，雍正七年旌。[1]

上记"继姑欲夺其志，以氏配己所生子廷赓"的婚姻如果成立，即属于所谓"兄终弟及"的转房婚。

泉州《蓬岛郭氏家谱》于民国十七年（1928）增设的"新谱例"规定：

兄夺弟妇，弟占兄嫂，叔夺侄妇，侄占叔母，为黩伦伤化之极，义不入谱，亦令聊记其生、卒、葬于附谱。[2]

泉州《新榜吴氏家谱》（清末民初手写本）载《黄龙族规》谓：

兄收弟妇，弟纳兄妻者，是为乱伦，宜绝其嗣，亲服中罪加三等。[3]

在福建历史上，转房婚俗属于屡禁不止的婚俗。

实际上，转房婚本不足诟病，应该受到批评的是不顾媳妇的意愿和情感而"欲夺其志"、强迫婚配的做法。

这里，我要报告福建历史上转房婚俗的一种特例。

泉州图书馆藏有《闽南竹枝词》一册，全书仅3页。封面题"闽南竹枝词　申丙署签"，文末跋语署

---

[1] 引自乾隆《福州府志》，下册，第449页，福州，海风出版社2001年1月版。

[2] 转引自陈支平：《福建族谱》，第58页，福州，福建人民出版社1996年8月版。

[3] 转引自陈支平：《福建族谱》，第328页，福州，福建人民出版社1996年8月版。

"翰国谨跋"（申丙字翰周）。

查《民国福建省地方政权机构沿革资料（1911—1949）》[1]，申丙于1934年7月任南安县县长。

《闽南竹枝词》收诗24首，其第17首诗并注云：

> 棠花憔悴棣花香，递嬗良缘属小郎（《晋书》：道韫为小郎解围。称小叔也）。莫怨陈平真盗嫂，兄能圆镜愿同偿（谓兄得珠还，弟亦获偶也。有三四子人家，苟大儿失业出外谋事经年无好音者，即命长媳改偶次男，如已娶妇，递配三子。倘兄衣锦还乡，仍使重圆破镜，为弟另娶。友爱如斯，足令喷饭）。

上记"大儿失业出外谋事经年无为音者，即命长媳改偶次男"的做法，是典型的性别压迫的做法：将媳妇当做有用的物品、不顾其意愿和情感而强迫转房；又是非典型的转房婚：兄未终而弟及。

闽、台历史上替媳妇招婚（包括"买女赘婿"和按照"子死媳在，媳妇可以招夫"之民间习惯法而行之的招婚）和"大儿失业出外谋事经年无好音者，即命长媳改偶次男"分别属于招赘婚俗和转房婚俗的特例，宜为中国妇女史研究者注意。

2007年正月初一日-正月十二日，

福州—北京，新春试笔

---

[1] 福州，福建人民出版社1994年7月版。

第捌章

第捌章		
关键词	提要	标题
婢女救济；清至民国时期	本文记录清至民国时期福建官、绅和基督教界有关婢女救济的若干事例，披露1944—1948年间福建各县县长报告的有关「蓄婢情形」的问卷，并评估清至民国时期福建婢女救济的期末绩效。本文认为，婢女的生存状况涉及了人口买卖等多方面的问题。清代官、绅只对其中的性禁锢问题予以特别关注而几乎不及其余；民国时期政府有关婢女救济的法令和教会禁婢的戒律均缺乏效力；清至民国时期福建婢女救济的期末绩效可用「略有小补，无济于事」一语概括之；福建的婢女问题在1949年以后才真正得到解决。	清至民国时期福建的婢女救济及其绩效

婢女的生存状况涉及了人口买卖、过度劳役、低生活水准、性禁锢、性侵犯、身份歧视以及受教育权、婚姻自主权被剥夺等多方面的问题。

这些问题的性质都是相当恶劣的。

然而，总体观之，清代官、绅只对其中的性禁锢问题予以特别关注，对其他问题则程度不同地予以认可或纵容。

道光《建阳县志》引"万历志"记："役婢女，居然绝配终身"，并谓"今日习俗与此所载无异"。[1]

官、绅编修的地方志当然代表了官、绅的态度。《建阳县志》的记载表明，由明入清，福建官、绅对婢女性禁锢问题格外关注以至几乎不及其余。

乾隆《福州府志》记：

> 张伯行，字孝先，仪封人。康熙乙丑进士。四十六年，巡抚福建。……闽俗买贫女为婢，凡男子劳役，悉以属之，婢有至无齿不嫁者，或鬻之尼院，得价倍，而弊乃甚于锢婢矣。伯行谕令赎归，间或分俸代为偿而归之，特严幼女为尼之禁，民感其义，俗遂革。[2]

---

[1] 引自道光《建阳县志》，第112页，福建省建阳县地方志编纂委员会1986年7月整理本。

[2] 引自乾隆《福州府志》，上册，第91页，福州，海风出版社2001年7月版。

康熙四十六年为1707年，张伯行时在福建巡抚任上。

这里记录了婢女生存状况的三个问题：人口买卖、过度劳役和性禁锢。张伯行主要针对了性禁锢的问题，一方面"谕令赎归，间或分俸代为偿而归之"即要求民众并自己参与偿还赎金、令婢婚配（归，女子出嫁也。《诗·召南·桃夭》："之子于归，宜其室家"），另一方面"特严幼女为尼之禁"以防止预后的性禁锢问题。然而，张伯行对婢女生存状况涉及的人口买卖问题是纵容的，他要求和实行的婢女救济之方式是再次买卖。

《闽政领要》记：

> 闽俗颇敝，而其敝之尤甚者一曰锢婢。绅士之家，操作之事皆婢任之。一经契买，即同永锢。其自三十、四十以上遣嫁者，尚称及时择配，竟有终身不令适人者。婢有私孕，不问所由来，育男则弃之，育女则留之待其长成亦如乃母之服劳之毕世焉。此风比比皆然，而建郡为甚。前宁化县县丞耿嘉平署篆浦城，访知其弊，比户清查，择其年三十以上、五十以下，督令登时遣嫁者，数几满百。其六旬以外之白头老婢，彼亦不愿复效于飞之乐矣。本司颜希深到任刊颁告示，广为劝诫，稍知感化，而此弊终未能尽

除，全赖地方官徐徐化导以端风俗。[1]

《闽政领要》乃于乾隆二十二年（1757）由福建布政使德福辑纂，10年后（1767）由布政使颜希深增补。

查嘉庆《浦城县志》、民国《宁化县志》，耿嘉平系山东馆陶人，优贡生，乾隆二十一年（1756）、乾隆二十二年（1757）两度署理浦城知县。

耿嘉平在署理浦城知县任上针对了婢女生存状况之性禁锢问题，以"比户清查"的行政手段、"督令登时遣嫁"的行政命令，解救了"数几满百"的婢女。

德福、耿嘉平和颜希深在乾隆年间也注意到婢女的买卖（"契买"）和过度劳役（"操作之事皆婢任之"）的问题，但他们共同认定的"其自三十、四十以上遣嫁者，尚称及时择配"，实际上是为买婢之家使役婢女的不正当权益提供辩护和保护的。

道光十三年（1833）"调台湾署鹿港厅事"的陈盛韶，在其《问俗录》记：

> 使女曰丫鬟，闽人曰丫头；乳姆曰奶娘，闽人曰奶妈。台湾别有奶丫头。使女未嫁，未学养子，奶汩汩然出，讳莫如深。曷为乎？炫玉求售，自诩为奶丫头也。使女终其身，主人不嫁卖，不管束，听其野合，不以私胎为嫌，生女或致之死，生男或所私者

[1] 转引自《台湾文献汇刊》第4辑第15册，第90、91页，北京，九州出版社，厦门，厦门大学出版社2004年12月版

抱去，不则，主人仍育为奴。于是丫头有奶，乳哺四雇，别其名贵其值，曰奶丫头。人无贵贱，得天之理与气，羞恶之心，情欲之感，则一嫁不及时，淫奔炽而羞耻丧，人道类于禽兽。守令者，风俗之表率，必谆谆教诫，使及时嫁卖。不听即惩以重刑，匪特敝俗可革而息，闺中怨气，转酿为太和，未尝非积善余庆之一端。[1]

作为"地方守令"，陈盛韶对养婢之家的要求是"嫁卖"，即实行又一轮的人口买卖。

道光二十四年（1844），梁章钜在福建浦城县养病期间有诗自记其救济婢女的事迹。诗曰：

惊心薄俗太支离，失笑高门半守雌。一纸卮词何足算，三年五度遣杨枝（浦城锢婢之风，牢不可破。余曾撰《锢婢说》一篇，以为暮鼓晨钟，乃殊少警觉者，余到浦甫三年，而遣婢至五次，皆不化其身价，而中两婢乃从锢婢之家转鬻而嫁之者。不可谓但以言感人者矣。）[2]

梁章钜当时乃以绅士的身份在浦城五次解救婢女。梁章钜针对了婢女的性禁锢问题，却对婢女买卖问题的恶劣性质全然无有认识，并以"皆不化其身

---

[1] 引自《蠢测汇钞·问答录》，第128页，北京，书目文献出版社1983年6月版。

[2] 梁章钜：《归田琐记》，引自《清代笔记丛刊》，第2册，第1936—1937页，济南，齐鲁书社2001年版。

价"（化，消除也）即维护买婢之家的权益自炫。

咸丰二年（1852），刘家谋在台湾府学训导任上作《海音诗》百首，其诗注曰：

> 长乐柯义周广文（龙章）尝掌教崇文书院。将归，载婢数十人于内地嫁之，诚苦海慈航也。[1]

又曰：

> 徐树人廉访（宗干）谕富绅出赀赎之。予巫商诸二三好善之士劝捐赎回，各为收养，稻熟以后，按名各给路费，载还其家。[2]

这里所记柯义周、徐宗干、刘家谋及"二三好善之士"的"苦海慈航"故事乃发生于清代嘉、道、咸年间（1796—1852）。此一干人等关注的亦是婢女的性禁锢问题，采用的救济之法亦是赎买。

光绪十五年（1889），范克承在台湾安平知县任上有《严禁婢女不嫁婢记》，其文曰：

> 光绪十五年五月二十一日，据芙蓉郊董事职员张大琛等禀称："……郡城有等绅富，买用婢女，虽至二十岁以上，仍使其市肆往来，闺外无分。遇轻浮之徒，当众调戏；稍为面熟，即有贪利六婆勾引成奸。所谓奸尽则出杀由，祸害更烈。琛等睹风化攸

[1] 刘家谋：《海音诗》，引自《台湾文献丛刊》第28种，第17页，台湾银行1958年排印本。

[2] 《海音诗》第9页。

关，可否请以示禁有婢之家，凡使女至二十岁以上者，如本有婿，或无婿而有娘家可主者，该家主收回原交身价、退回字据，将该女交其父母领回婚配、不得久留使用。似此可无怨女之忧，藉培家主之德，贩运奸徒亦可奸无从入手，引诱之辈又可绝勾奸之术。琛等心存义举，仁宪自有权衡，是否有当？不揣冒渎，陈情再叩，仰祈俯赐转详，通饬勒石严禁"等情到县，……本县查：锢婢不嫁，最为恶俗。该职员所禀，系杜绝奸拐，整顿风化起见，似可俯如所请，除详请道宪通饬一体示禁外，合行出示严禁。为此，示仰合邑绅商军民诸色人等知悉，自示之后，如有年大婢女，赶紧即行婚配，不得仍蹈故辙，倘敢锢婢不嫁，一经察出，无论何项人等，定即从严惩办，决不姑宽！各宜自爱，毋违，特示。[1]

作为官、绅两方，安平知县范克承和鸦片烟贩商会（"芙蓉郊"）职员张大琛亦是希图以偿还"原交身价、退回字据，将该女交其父母领回分配"即赎买的救济方法以解决婢女的性禁锢问题。

二

清代末年，福建基督教界亦启动其婢女救济的事

---

[1] 引自《台湾文献丛刊》，第174种，第366-367页。

工。光绪二十一年（1895），福州美华书局"活板印刷"的《（基督教）美以美会纲例》第三章第四十款规定：

> 我教会自昔及今，视居奴蓄婢，殊为残忍之事，论买人为奴婢，卖人为奴婢，或视奴婢视同财物，实违上帝之律法，逆天理之自然，悖救主所命爱人如己之法，并犯本会总例所云：凡欲居本会者，勿害人，宜避诸恶之条。故我侪以仁爱之心，劝众传道教友，不可犯此大罪，尤当自尽其分，以基督徒所能为合理之法，力除此弊。

上记戒律针对了婢女生存状况的人口买卖问题。

1930年10月，以"言乎时间，本团当负责推翻中国四千余年根深蒂固之婢制；言乎空间，本团当负责救拔千万朝不保夕之同胞"为标榜的中国婢女救拔团（The Society for the Relief of Chinese Slave Girl）在福建厦门鼓浪屿成立。这是一个以基督徒为主体的专事婢女救济的团体。据《中国婢女救拔团三周年纪念特刊》、《中国婢女救拔团第五周年纪念报告》和《中国婢女救拔团第六周年纪念报告》等资料，中国婢女救拔团成立三周年时有"一万数千的团员"，团员有义务"一生遵守本团宗旨努力救拔婢女工作"和填报《婢女状况调查表》；[1]该团成立五周年时，该团

---

[1] 漠耕：《本团三年来工作概况》，引自中国婢女救拔团总部编：《中国妇女救拔团三周年纪念特刊》（1934），第22页。

附设的婢女收容院（租用德国领事署旧址为院址）
"救拔了一百数十个婢女，除约四十人已由本团代为
择配外，其余住在本院的还有九十人左右"；[1]该团
成立六周年时，又增加收容院院生26人。[2]该团还为
受虐、遭受性侵犯和挨打、被杀的婢女提供法律援
助。[3]

　　中国婢女救拔团发起人和主持者许春草（1874—
1960）是辛亥革命志士、建筑商和基督徒，在福建厦
门兼具绅士和教友的身份。

　　1935年福州基督教美以美会发起"废婢运动"。
《1935年福州美以美年议会禁止蓄婢并童养议决案》
谓：

　　　　一、请各牧区对于信徒纳妾、蓄婢、蓄
　　奴、童养之恶习务要切实制止。

　　　　甲：严格取缔婢女制度（凡属他人女子
　　在家庭工作不给工资，又待遇与亲生女子不
　　同者皆在取缔之列）。

　　　　乙：请各堂会、各学校、各医院以及
　　其他教会服务机关组织小组废婢运动委员
　　会（例如在学校、医院分教职员组、学生
　　组、校友组，在堂会则利用固有之各属组织

---

[1]　许春草：《创办中国婢女救拔团五周年的回顾》，引自中国
　　婢女救拔团总部编：《中国婢女救拔团第五周年纪念报告》
　　（1935），第7页。

[2]　《本年份婢女投奔本院总人数表》，载中国婢女救拔团总部编：
　　《中国婢女救拔团第六周年纪念报告》（1936）第4页。

[3]　参见《中国婢女救拔团三周年纪念特刊》（1934）第7—22页。

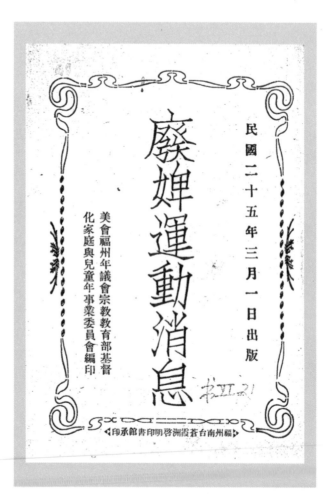

民国时期基督教美以美会《废婢运动消息》封面

之）。

丙：请以上各团体最少每学期演讲讨论或表演废婢问题一次，藉以提醒众人知蓄婢之不道德与不合人道。

丁：请各小组实行调查现有婢女之家庭及其待遇之情形。

戊：用个人谈话法劝勉蓄婢之人自动释放婢女。

己：对婢女当照下列条件

（一）当视之如己女使其衣食饱足。

（二）换其姓名。

（三）使其受自己儿女所受同等之教育，最低限度当由初级小学或同等学校毕业。

（四）辍学后年龄达到婚配时期者当求其同意为之择配。

1.对方年龄适合；

2.不可卖之为妾；

3.不可多索聘金，倘有聘金当作嫁奁之用。

庚：凡各男女传道以及教会所有受薪人员不遵并违犯以上规则者应革其职（《纲例》第卅款）。

辛：凡各男女传道以及教会所有受薪人员此后仍继续收买婢女者亦当革职（《纲例》第卅款）。

壬：凡蓄婢之人不肯释放婢女者切勿为
之洗礼。

癸：请本会宗教教育部函达全国编制主
日学材料，各机关最少编著废婢材料二篇。

另，附童养问题（略）

二、以上各决议案请教区牧区主任负责执行。[1]

上记"议决案"涉及婢女的身份歧视、性禁锢、
受教育权被剥夺、低生活水准和过度劳役问题。

上承1895年《（基督教）美以美会纲例》关于禁
止"居奴蓄婢"的戒律，1935年福州基督教美以美会
关于"废婢运动"的"议决案"也有禁止"男女传道
及教会所有受薪人员"收买婢女的规定。然而，教会
的戒律实际上并未发生预期的效力。1930年，许春草
尖锐地指出：

基督徒不当养婢无疑，但是事实却怎样
呢？我看见不但普通基督徒养婢了，圣会里
的长执也养婢了；不但长执养婢了，牧师传
道也养婢了！教会里原有禁止养婢的明文，
基督徒养婢，为什么不受处分呢？可怜啊，
软弱无能的教会，怕人过于上帝，魔鬼掌权
了，基督徒何止养婢呢？不也一样学着非基
督徒虐待婢女吗？我亲眼看见某堂会的长
老，他的婢女，挨不过打跑出门去被非基督

---

[1] 美以美会福州年议会宗教教育部基督教化家庭与儿童年事业委员
会编印：《废婢运动消息》，第1页，1936年3月1日出版。

徒带走了。我又看见基督徒的婢女，挨不过
打，跑进保良所去了。基督徒啊，荣耀尔们
的主罢！[1]

现在谈谈官方法令的效力问题。《大清律例》有
"略买略卖人"的法定罪名和"略卖子孙为奴婢，杖
八十"的量刑规定。对此，清代官、绅实施婢女救济
时并不予以适用，反而采用再次买卖的救济方式。民
国时期，官方也颁布了一系列有关婢女救济的法令，
如《中华民国刑法》（1927）第三百三十条规定：
"使人为奴隶者，处一年以上七年以下徒刑。本条之
未遂罪，罚之"[2]，另有《维护人道保障女权通令》
（1927）、《禁止蓄奴养婢办法》（1932）、《禁止
蓄婢办法》（1936）等内政部颁布的规章。然而，婢
女买卖问题并不曾得到有效的依法治理。例如，《禁
止蓄婢办法》第一条规定："凡以慈善关系或收养
养女名义，蓄养婢女者，均依本办法禁止之"。[3]在
《禁止蓄婢办法》颁布后，福州基督教美以美会并不
更改其《废婢运动宣言》关于"释放婢女"的定义：
"所谓释放即待如己的子女，使受相当教育"[4]。一
般民众"为避免法律上纠纷"[5]，亦"易婢而为养

---

[1] 许春草：《向养婢的恶魔宣战》，引自中国婢女救拔团总部编：
《中国婢女救拔团三周年纪念特刊》（1934）第42页。

[2] 引自《中华民国刑法》第18页，北京，中国方正出版社2006年
版。

[3] 《废婢运动消息》，第2页。

[4] 《废婢运动消息》，第4页。

[5] 闽档11-11-727。

女"[1]。

清至民国时期官方的法令和教会的戒律实际上均未发生预期的效力。

三

如上文所记，1756年耿嘉平在署理浦城知县任上面对的锢婢之风，在88年后的1844年仍然让到浦城养病的梁章钜见而"惊心"。

又如，中国婢女救拔团在1930-1936年收容救济来自各地的婢女近二百名。然而，中国婢女救拔团所在的厦门市，其市区（不包括鼓浪屿区和市郊）在1932年养婢之家凡1696户，婢女2580人，其中养婢最多者一家有婢女26人。[2]

据福建省档案馆藏档案，福建省政府曾于1942年、1944年两次发放"各县有关礼俗行政之民俗改良辅导经费"，并要求各县填报《礼俗情况调查表》和《查禁民间不良习俗工作报告表》。表格设计有"蓄养婢女"的栏目。各县报告乃于1944年、1945年、1948年分别报送省政府（部分县在馆藏档案里未见报告）。

兹摘录有关"蓄养婢女"的报告。

1944年3月，平和县县长冯世徵报告："尚有蓄

[1] 闽档民政厅11-11-727。
[2] 据《厦门市内婢女调查统计表》，收《中国婢女救拔团三周年纪念特刊》。

婢者，系少数富家"；[1]

1944年7月，宁德县县长郭克安报告："现蓄婢之风渐见减少，蓄婢之家名义上亦称为养女。此风现经厉禁，尚未全绝"；[2]

1944年7月，宁洋县县长陈万瑊报告："本县民家无蓄婢，其小康之家因家务繁多，间有买养女以帮助家务，其年龄多在十一二岁以上。到十六七岁时即以生女之待遇择配"；[3]

1944年7月，邵武县县长袁国钦报告："蓄婢早经禁止，尚有少数以收养女名义代婢使用"；[4]

1944年7月，安溪县县长陈拱北报告："甚少蓄婢，惟普通人家均养有童养媳"；[5]

1944年8月，长汀县县长方扬报告："中上之家，多有蓄婢者"；[6]

1944年8月，莆田县县长石有纪报告："现在已无明白蓄婢，惟一般村落或市镇中，小康之家庭多乞养10岁上下之小女子为养女或为童养媳以佐助家庭中之劳作，至年纪及笄则为之订婚出嫁他家或与家中预定之儿子结婚作媳焉"；[7]

1944年8月，南靖县县长陈铁魂报告："蓄婢之风甚少，惟城区一般妇女多以自己有子女后即抱养苗媳"；[8]

1944年8月，闽清县县长周锋报告："本县尚无

---

[1]　闽档11-11-489。

[2][3][4][5][6][8]　闽档民政厅11-11-727。

[7]　闽档民政厅11-11-489。

发现蓄婢情形"；[1]

　　1944年9月，漳平县县长黄懋铢报告："本县蓄婢之风犹不减于昔日，城区及各乡镇稍有家产者多有蓄婢"；[2]

　　1944年9月，永泰县县长叶培馨报告："尚有二三富家有蓄婢情事，惟属罕见"；[3]

　　1944年9月，霞浦县县长戴启熊报告："普通无蓄婢情形"；[4]

　　1944年9月，柘洋特种区区长王乃平报告："无（蓄婢情形）"；[5]

　　1944年9月，长泰县县长卿建楚报告："现只有童养媳，未闻有蓄婢"；[6]

　　1944年9月，浦城县立民众教育馆馆长张宁谦报告："本县蓄婢颇多，缙绅富户早相替成风。为人婢者多度非人生活，为状至苦。鼎革之后已日见减少，且易婢而为养女，待遇亦渐改善，非复向之蓬首垢面矣"；[7]

　　1944年9月，金门大登乡主任梅鄂报告："蓄婢之风在前清颇盛，现已绝无"；[8]

　　1944年12月，东山县县长邓启群报告："本县土地硗瘠，经济不卞，居民多能勤劳，对于蓄婢则向无沿习"；[9]

　　1944年12月，福安县县长胡邦宪报告："本县人

[1][2][3][7][8][9]　闽档民政厅11-11-727。
[4]　闽档11-11-727。
[5][6]　闽档11-11-489。

民不论贫富均无蓄婢";[1]

1945年1月，福清县县长余烈报告："本县民俗朴素，蓄婢少有，而富庶人家亦有此举，惟现已改为童养媳，尚未闻虐待之情形发生";[2]

1945年1月，罗源县县长黄光裕报告："邑之富家，多有蓄婢，为避免法律上纠纷，书面为养子（女）字样，尤以城中为甚";[3]

1945年4月，将乐县县长赵同和报告："蓄婢之事，各乡更少。城中之蓄婢多半是代主人婆洗衣服、砍柴、捡猪菜或做三餐，稍不如意，就教训她打她骂她，到了十七八岁许配乡间人为妻。若女婿有情有义，以亲生女儿看待，二家联姻";[4]

1945年4月，泰宁县县长刘诚报告："蓄婢极为普遍，尤以富裕人家，蓄婢三四人者。乡间易盛行童养媳之恶风";[5]

1945年8月，连城县县长郑永祥报告："本县蓄婢之家很少，间有富室巨贾，买贫寒家之女为婢，成人后仍照嫁女方式择配，此后亦如亲戚之谊互相往来，但以全县计，蓄婢之家仅千分之一二耳";[6]

1948年1月，厦门市政府市长黄天爵报告："（婢女）均已改为养女";[7]

1948年6月，永安县县长陈灯报告："因地方贫

---

[1][4][5][6]　闽档民政厅11-11-727。

[3]　闽档11-11-727。

[7]　闽档11-13-115。

瘠，人民经济力薄弱，蓄婢之风少见"；[1]

1948年6月，仙游县政府（县长宋庆烈）报告："在旧封建社会遗留下之特殊阶级家庭有蓄养婢女，一般家庭尚无此情事"；[2]

1948年8月，顺昌县县长邹锡光报告："（本县蓄婢情形）尚少发现"；[3]

1948年8月，平和县县长胡子刚报告："（蓄婢情形）较少"，"经分别劝告后此种恶习较少"；[4]

1948年8月，建阳县政府（县长任自强）报告："蓄养婢女多系富有之家，过去风气颇盛"；[5]

1948年8月，柘荣县政府（县长沈安）报告："本县尚无蓄婢陋习"；[6]

1948年8月，南平县政府（县长林志先）报告："富商豪门为养尊处优，多有蓄养婢女供其侍奉"；[7]

1948年8月，漳浦县县长郑有泰报告："本县有养女制并无婢女制"；[8]

1948年9月，古田县县长丁梅董报告："过去虽有蓄婢情事，现已渐减少"；[9]

1948年11月，华安县政府（县长许元培）报告："民众因受封建遗毒，富有家庭常有蓄养婢女差遣劳役"。[10]

我们从上记县长们报告的问卷得到的结论是：清

---

[1] 闽档11-11-489。

[2][10] 闽档11-11-727。

[3][4][5][6][7] 闽档11-13-115。

[8][9] 闽档11-11-489。

至民国时期（1644—1948）福建婢女救济的绩效可以用"略有小补，无济于事"一语予以评估。

中国婢女救拔团的同工许牧世曾断言：

> 创办本团的同志们，多半是基督教的教徒，我们认为天地间只有基督的爱会叫我们不避一切困难，不惜任何牺牲地来肩负这种救拔的工作，我们相信，不是空言提倡民权的国民党员所能做，也不是专门晓得煽动阶级斗争的共产党所晓得干。[1]

许牧世当年的断言并不完全准确。我们看到的事实是，福建的婢女问题乃是在1949年以后、在中国共产党的领导下逐步得到解决的。

2008年7月19日，银婚纪念日，
记于京师大学堂旧址近旁之旅舍

---

[1] 牧世：《告怀疑我们的朋友》，引自《中国婢女救拔团三周年纪念特刊》，第37页。

主要参考文献

一、方　志

叶春及《惠安政书》

黄仲昭《八闽通志》

何乔远《闽书》

康熙《漳浦县志》

康熙《松溪县志》

康熙《连城县志》

康熙《宁化县志》

乾隆《福州府志》

乾隆《汀州府志》

乾隆《龙岩州志》

乾隆《福清县志》

乾隆《古田县志》

乾隆《德化县志》

乾隆《福鼎县志》

乾隆《泰宁县志》

乾隆《凤山县志》

乾隆《长泰县志》

乾隆《晋江县志》

乾隆《福宁府志》

乾隆《安溪县志》

乾隆《台湾府志》

嘉庆《云霄厅志》

嘉庆《福鼎县志》

民国《尤溪县志》

佚名《安平县杂记》

新修《建瓯县志》

道光《漳平县志》

道光《厦门志》

道光《金门志》

道光《永安县续志》

道光《建阳县志》

道光《清流县志》

道光《福建通志》

咸丰《邵武县志》

同治《淡水厅志》

光绪《福安县志》

光绪《漳浦再续志》

光绪《光泽乡土志》

民国《上杭县志》

民国《武平县志》

民国《厦门市志》

民国《闽清县志》

民国《南平市志》

民国《霞浦县志》

民国《平潭县志》

民国《建宁县志》

民国《同安县志》

民国《藤山志》

民国《金门县志》

新修《宁德市志》

新修《福安市志》

新修《安海志》

二、丛书、汇编、期刊、辞书

《台湾文献丛刊》

《台湾文献汇刊》

《清稗类钞》（中华书局1986年3月版）

《中国民商事习惯调查报告书》（中国政法大学出版社
2000年1月版）

《新生活运动周报》（福建）

《福建省新生活运动促进会会刊》

《新生活导报》（福建龙溪）

《新运月报》（福建厦门）

《中国文化史辞典》（浙江古籍出版社1987年8月版）

《闽南话漳腔辞典》（中华书局2007年1月版）

三、专著

《蠡测汇钞·问俗录》（北京书目文献出版社1983年12月
版）

朱介凡：《中国谣俗论丛》（台北联经出版事业公司1984
年6月版）

吴赢涛：《台湾民俗》（台北，众文图书股份有限公司
1984年1月版）

《守节、再嫁、缠足及其它》（陕西人民出版社1990年9月
版）

梁章钜：《归田琐记》（齐鲁书社2001年版）

梁章钜：《称谓录》（福建人民出版社2003年12月版）

作者后记

　　2006年9月至2009年9月，我在"闽台妇女史研究"的论题下，陆续写作了收入本书的8篇论文。

　　本书论及闽台妇女史诸多问题：溺弃女婴、禁锢婢女与救济女婴、救济婢女、典妻、租妻、卖妻、冥婚、童养婚、招赘婚、转房婚、性禁锢、性别压迫、苗媳、幼尼、举子仓、育婴堂、"中国婢女救拔团"，等等。

　　本书所收论文写成和发表后，引起学界友人和出版单位的关注。陈支平教授将《清代福建救济女婴的育婴堂及其同类设施》（写于2006年9月）郑重推荐给《中国社会经济史研究》发表；海风出版社于2010年计划出版本书，并在2011年派人来京同我联系、慷慨地将出版计划付诸实现。

　　海风出版社以推动学术进步、推动海峡两岸和平发展为神圣职责。2001年，海风出版社一次出齐明正德、明万历和清乾隆三种版本的《福州府志》，嘉惠学林，功德无量；近年所出《中国城市巡礼》、《缘与源：闽台民间风俗信仰比照》、《妈祖信仰史研究》等书，在海峡两岸受到热烈欢迎。

　　本书由海风出版社出版，此乃本人的一项荣幸。

　　作为老年学者，回顾来路，心中感念！我曾撰短文《1977，我的大学梦》记此来路和心路，其文曰：

　　课堂里，有个男生冲着我打了一个结实的哈欠。

　　于是，我讲了一段题外话。

　　——我从小生长在美丽的厦门。1977年，任何的人给我写信，只要写"厦门市汪毅夫收"就可以了。

　　有个女生奶声奶气地问："老师真牛，为什么呢？"

　　——因为那时我是邮递员，我的工友都认得我呀，我还用过"游钗"的笔名呢。课堂气氛一下子活跃起来。

1977年，恢复高考制度的消息传遍了全国。

我和邮局的三位工友领取了报考表格。

我忘不了那段往事：福建师范大学曾到我插队的山区招收"工农兵学员"，我受到村民们的推荐却过不了"政治审查"的关口。

火热的铁遇到冰凉的水，痛苦地嗞嗞作响！

提起笔，我一口气在"报考志愿"（限报三个志愿）栏里写了三个"福建师大中文系"。为了圆一个梦，一个被撕成碎片的梦！

我信心满满。

可是我不知道能不能过"政治审查"的关。

考试过后，转眼到了1978年。早春二月，外省高校的录取通知书一份又一份地来了。

我一份又一份地送，一次又一次地看到录取通知书带给人间的惊喜。

邮递员是绿衣使者，护士是白衣天使。

我相信，此种场合里的我应该和护士一样美丽。

1978年2月6日傍晚，我收工回到邮局。在挂号台里看到一份浙江大学的录取通知书。

第二天是正月初一。

我再次出工，专程把录取通知书送到收件人家里。我至今还记得信封上写着"厦门市上古街58号之二郭光真收"。

郭光真不在家。郭光真的母亲和妹妹们一致对着我笑。

在回家的渡轮上，天色已晚，我想：这个家庭，这个郭光真，这个除夕之夜，该多么愉悦！

过了春节，我病休在家，因为感冒。

我的工友送来福建师范大学的录取通知书。

和我一起报名的工友也都收到了各自的录取通知书。

病一下子好了，很奇妙。

爸爸很快告诉他晚年的好朋友、邻居严楚江教授和李文清教授。

老人们慈祥地对着我笑。

爸爸在十年浩劫期间受了很多苦，1979年才获得平反、恢复党籍。

我不知道我为什么通过了"政治审查"的关口。

几年后读《邓小平文选》，我明白了。邓小平同志在1977年9月19日说，"关于招生的条件，我改了一下。政审，主要看本人的政治表现，政治历史清楚，热爱社会主义，热爱劳动，遵守纪律，决心为革命学习，有这几条就可以了"。

1998年12月28日，我在《邓小平，女儿心中的父亲》影展上看到邓林同志，很想表达我对小平同志的深切感念，但激动得哽咽而不能言语！

1977年的大学梦很美。

我曾兼任福建省红十字会会长，现兼任中国红十字会常务理事。退休后，我愿是中国红十字会的志工，为光荣的中国红十字事业工作至于终老。

本书的稿酬将通过中国红十字会捐赠贵州省毕节地区赫章县河镇彝族苗族乡海雀小学，用于资助该校贫困女学童。

本书蒙陈支平教授赐序、杨志恒博士题写书名，叶浩鹏、熊烨担任责任编辑，谨此鸣谢！

2011年8月8日记于

北京寓所之涵悦斋

图书在版编目（CIP）数据

闽台妇女史研究 ／ 汪毅夫著. -- 福州：海风出版社，2011.11

ISBN 978-7-5512-0046-2

Ⅰ. ①闽… Ⅱ. ①汪… Ⅲ. ①妇女—历史—研究－福建省②妇女—历史—研究—台湾省 Ⅳ. ①D442.9

中国版本图书馆CIP数据核字(2011)第218067号

闽台妇女史研究

汪毅夫　著

责任编辑： 叶浩鹏　熊　烨

书籍设计： 叶浩鹏

出版发行： 海风出版社

（福州市鼓东路187号　邮编：350001）

出　版　人： 焦红辉

印　　　刷： 福州青盟印刷有限公司

开　　　本： 787×1092　1/32

印　　　张： 5.75 印张

字　　　数： 130 千字　　　**图：** 8 幅

印　　　数： 1-1000册

版　　　次： 2011年11月第1版

印　　　次： 2011年11月第1次印刷

书　　　号： ISBN 978-7-5512-0046-2/K •50

定　　　价： 38.00元